通常学級で活かす
特別支援教育概論

Hideko Kashiwazaki 柏崎秀子 編

Special needs education
in the regular classes

ナカニシヤ出版

まえがき

　本書は，主に小学校・中学校・高等学校の教員免許取得を目指して，教員養成課程で特別支援教育を初めて学ぶ人たちを対象に，「特別の支援を必要とする幼児，児童及び生徒に対する理解」（以下，「特別支援教育」と略す）に相当する科目で，テキストとして使用することを念頭に作成されました。この分野が新たに教員免許状取得のための必修（１単位以上）になったためです。したがって，内容はコア・カリキュラムに準拠しています。インクルーシブ教育の時代を見すえて，多様な学びの場（横）と発達（縦）の両軸から，特別支援教育の重要事項が押さえられるようになることを，ねらいとしています。

　現在，通常学級においても，発達障害をはじめとする特別な教育的ニーズを有する児童生徒が在籍していますし，言語・文化的な背景や経済的な背景などの多様な教育的ニーズがある子たちも，学校で共に学んでいて，支援を必要としています。ですから，通常学校での教育を目指す人であっても，特別支援教育に関する知識を身につけ，すべての学校で的確な支援ができることが求められているのです。そして，社会にあっても，誰もが個々の違いを認め合い，互いの人格と個性を尊重し合って，共に生き生きと生活できるよう，共生社会の理念が理解できることも重要です。そのために本書が学習の支えとなることを願っています。

　そのような初学者向けに，エッセンスを簡潔にわかりやすく読みやすく伝えられることを目指しています。必修科目としての単位が１単位以上となっていることから，テキストとして扱いやすいように工夫もしたつもりです。基本的に各章が各回の授業に対応するようになっていますし，多くのコラムや章末問題（「内容をまとめよう」「調べよう・考えよう」）で学習を掘り下げて２単位開講にも対応できるよう，各大学の開講形態に応じて活用できるような構成になっています。また，巻末には特別支援教育に関係する法令なども掲載してありますので，本文とあわせて御活用ください。

　通常学級での教育・支援に力点を置き，通常学級で特別な教育的ニーズがある児童生徒にどのように関わったらよいかを具体的に紹介することを心がけました。また，多様な学びの場（横）と発達理論（縦）の両軸から特別支援教育を捉えるようにし，その課題と支援のあり方や，連携の重要性などが押さえられるように努めました。そのため，執筆者には，教育現場で教育的ニーズのある児童生徒への教育に長年携わってきた教育者と，発達の観点から捉えるための発達心理学者とが共に加わっていることも本書の特色のひとつです。特色といえば，本書で使用する文字もユニバーサルデザインの観点を踏まえたフォントを採用してみました。

　さらに，教育現場を重視した具体性と発達的視点の両方を有することから，教師を目指す人だけでなく，今まさに教育現場で活躍している現職教員の方々にも何らかの役に立つことができましたら幸いです。

　これからの共生社会を担う人材の育成に，本書が多少なりとも貢献できることを心から願っています。

2021 年 6 月　紫陽花が雨の中で映える頃に

編著者　柏崎秀子

目　　次

コラム目次

第1章
特別支援教育の理念と制度

　これから特別支援教育を学んでいくにあたり，まずはその制度の大枠と基本となる理念を押さえましょう。そして，その背景にある概念も知ることで理解を深め，インクルーシブ教育としての特別支援教育を捉える姿勢を養いましょう。

1．特別支援教育の概要

［1］教育的ニーズと支援の必要性

　私たちは誰もが個々の違いを認めて，お互いの人格と個性を尊重し支え合い，それぞれが生き生きと活躍できる社会で共に生活したいものです。これから学んでいく特別支援教育という教育制度はその考えに基づいています。

　特別支援教育とは，まずはごく簡単に言うと，障害がある児童生徒に対して，個々の特別な教育的ニーズに応じた指導と支援を，すべての学校で行うことです。

　皆さんは，障害と聞いて，どのような障害を思いつくでしょうか。たとえば，視力が弱く白杖を使って歩く，聞こえにくく手話でやりとりする，移動に車椅子を必要とする，知的な発達に遅れがある，などでしょうか。それらはそれぞれ，視覚障害，聴覚障害，肢体不自由（運動障害），知的障害と呼ばれる障害で，特別支援教育が始まる以前からその教育の対象とされてきた障害です。では，知的な遅れがないにもかかわらず学習につまずきがあるとしたら，どうでしょうか。また，物事への注意力が調整しにくくて失敗が多い状態や，相手の気持ちが理解しにくくてコミュニケーションがうまくとれない状態もあります。

それらは発達障害（順に，学習障害，注意欠如・多動性障害，自閉症スペクトラム障害）と呼ばれ，特別支援教育で新たに対象として加わった障害です。調査によって，小・中学校などの通常学級に発達障害などで支援が必要な子が6.5％在籍していることが明らかになっています。発達障害は上述の視覚障害などの障害と比べてわかりにくく，その状態も様々なため，教育上どのような支援が必要かという**教育的ニーズ**の観点で捉えることが支援につながりやすいのです。つまり，通常学級には発達障害をはじめとする特別な教育的ニーズがある児童生徒がいて，教師にはその支援ができることが求められています。

　また，特別な教育的ニーズがあるのは障害を有する児童生徒だけに限りません。外国につながる子や貧困状態の家庭で暮らす子なども学校で共に学んでいて，支援を必要としています。つまり，言語・文化的な背景や経済的な背景に基づく教育的ニーズも含んで，包括的に支援していくことが求められています（第8章参照）。

　では，障害の有無によらず，誰もが互いの違い・個性を認め合いながら共に生きる社会の実現を目指して，どのような教育システムが組まれているか見ていきましょう。

［2］ 特別支援教育の制度

　文部科学省によると，**特別支援教育**とは「障害のある幼児児童生徒の自立や社会参加に向けた主体的な取り組みを支援するという視点に立ち，幼児児童生徒一人一人の教育的ニーズを把握し，その持てる力を高め，生活や学習上の困難を改善又は克服するため，適切な指導及び必要な支援を行うもの」とされています。2007年4月に学校教育法の一部改正・施行によって始まった，障害のある子どもの教育制度です。それ以前の特別な場で教育する「**特殊教育**」から，一人一人の教育的ニーズに応じた適切な指導及び必要な支援を行う「特別支援教育」へと転換したのです。

　特別支援教育では，特殊教育が対象としていた障害だけでなく，**学習障害**（LD），**注意欠如・多動性障害**（ADHD），**高機能自閉症**（現在は自閉症スペクトラム障害；自閉スペクトラム症）などの**発達障害**（第4章）のある児童生徒も対象になりました。また，以前の特殊教育は養護学校や特殊学級という特

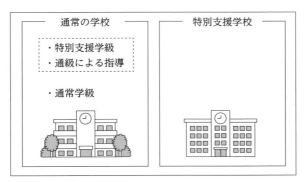

図1-1　多様な学びの場

別な場で行われていたのに対し，幼稚園から高等学校までのすべての学校において行われるようになりました。といっても，単に対象と教育の場の範囲が広がっただけではありません。根本的な違いはその考え方で，障害の種類や程度に注目するのではなくて，**一人一人の「教育的ニーズ」**に注目するようになった点です。ただ，重要な語であるにもかかわらず，教育的ニーズに対する公的な定義は示されていません。ここでは，障害の有無にかかわらず，学習上でつまずきや困難さがある児童生徒が教育上どのような支援を必要としているか，と理解したらよいのではないでしょうか。

　では，特別支援教育制度について従来の特殊教育との違いを押さえましょう。

【学びの場】　通常学級も含まれて以下のとおり多様になりました（図1-1）。

・特別支援学校：障害が重い児童生徒が通う学校です。障害別に分かれていた盲学校（視覚障害），聾学校（聴覚障害），養護学校（知的障害・肢体不自由・病弱）が障害種別を超えて一本化されました。各障害種に対応する学校が多いのですが，複数の障害に対応する学校もあります。また，近隣の小中学校等に在籍する障害ある児童生徒の教育に助言・援助する**センター的機能**も担うことになりました（第2・6章で詳述）。

・特別支援学級：小・中学校内に設置され，通常学級に在籍する特別な支援を必要とする児童生徒のための学級で，以前の**特殊学級**から名称が変わりました。

・通級による指導：通常学級に在籍する児童生徒が必要に応じて一定時間だけ指導を受ける教室であり，通常学校内に設置されています。

・**通常学級**：小・中学校等に在籍する発達障害を含む障害ある児童生徒も新たな対象に加わりました。

【仕組み】　システムとして機能すべく様々な仕組みが導入されました（第2章）。

　　・実態把握や指導のあり方を探るための校内委員会を設置する。
　　・学校内で推進の核となる特別支援教育コーディネーターが指名される。
　　・特別支援学校の専門家が小中学校を巡回相談する。
　　・個別の教育支援計画と個別の支援計画を策定し活用する。
　　・関係機関との連携を図るための特別支援連携協議会を設置する。

【取り組みの方法】　PDCA（Plan-Do-Check-Action）サイクルで進めます。すなわち，一人一人の実態を把握したうえで指導目標と内容を定める Plan（計画），適切な方法で指導を行う Do（実施），指導の結果を評価する Check（評価），評価に基づいて目標や内容を修正して再び指導する Action（改善）へと循環していきます。

［3］障害のある子どもたちへの教育の歴史

　障害のある子どもための学校は明治時代に創設されました。1878年に京都で盲者と聾者のための盲唖院が設立されたのが，その始まりとされています。1897年には東京で知的障害児のための滝乃川学園が，1921年には東京で肢体不自由児のための柏学園が設立され，全国各地へと広がっていきました。しかし，障害を理由に人前に出られずに暮らす子や，学校に入れなかった子も少なくなかったようです。

　第二次世界大戦後，1947年に教育基本法が制定され，翌年の1948年に視覚・聴覚に障害をもつ児童のそれぞれが，盲学校と聾学校への就学が義務化されました。一方，肢体不自由児と知的障害児の教育は義務化されず，就学免除・就学猶予もあり続けましたが，ようやく1979年に養護学校への就学の義務化に至りました。こうして，特殊教育諸学校（盲・聾・養護学校）の義務教育制がそろい，全国に学校や特殊学級が設置されるようになり，1993年には通常学級に在籍する軽度の障害のある子への「通級による指導」制度も開始されました。

　しかし次第に，障害の重度重複化や通常学級で支援が必要な子の存在など，

新たな課題が明らかになったため，課題に応じた適切な指導・支援の体制整備が求められるようになり，特別支援教育への転換に発展したのです。

［4］特別支援教育の理念

改めて，特別支援教育の理念を詳しく見ていきましょう。特別支援教育という考え方は，2003年3月に文部科学省の「今後の特別支援教育の在り方について（最終報告）」で初めて提示され，以下のように記述されています。

> 特別支援教育とは，従来の特殊教育の対象の障害だけでなく，LD，ADHD，高機能自閉症を含めて障害のある児童生徒の自立や社会参加に向けて，その一人一人の教育的ニーズを把握して，その持てる力を高め，生活や学習上の困難を改善又は克服するために，適切な教育や指導を通じて必要な支援を行うものである。

ここから，対象の拡大と教育的ニーズに基づいた支援という基本的な考え方がわかります。さらに，2007年4月の学校教育法の改正に伴って示された「特別支援教育の推進について（通知）」には以下のとおり特別支援教育の理念が述べられています。

> 特別支援教育は，障害のある幼児児童生徒の自立や社会参加に向けた主体的な取組を支援するという視点に立ち，幼児児童生徒一人一人の教育的ニーズを把握し，その持てる力を高め，生活や学習上の困難を改善又は克服するため，適切な指導及び必要な支援を行うものである。
> また，特別支援教育は，これまでの特殊教育の対象の障害だけでなく，知的な遅れのない発達障害も含めて，特別な支援を必要とする幼児児童生徒が在籍する全ての学校において実施されるものである。
> さらに，特別支援教育は，障害のある幼児児童生徒への教育にとどまらず，障害の有無やその他の個々の違いを認識しつつ様々な人々が生き生きと活躍できる共生社会の形成の基礎となるものであり，我が国の現在及び将来の社会にとって重要な意味を持っている。

まず，最初の段落に大事な3項目が盛り込まれています。第1のポイントは「一人一人の教育的ニーズ」です。特別な教育の場で行うことを優先するのではなく，まず，一人一人の教育的ニーズを的確に把握し，そのニーズに応じた適切な教育を，適切な場で行う，という考え方です。それぞれの児童生徒はそ

の特性によって学習上でつまずきや困難さがあり，それに対して教育上どのような手立て・支援を必要としているかに基づく，と捉えたら理解しやすいでしょう。第2のポイントは「**自立や社会参加に向けた主体的な取組を支援する**」です。自立と社会参加ということから，障害があっても，一人一人がその子なりの自立を果たし社会参加して地域社会で豊かに生活していくことができるよう，その力を高めていくことを目指しています。加えて，独力で生きるのではなく，必要に応じて周囲に対して支援や配慮を自ら依頼したり，支援ツールを活用したりして，自分がやりたいことができるようにする力も育成しようとしています。第3のポイントは「**適切な指導及び必要な支援を行う**」です。これは，指導・支援が学校だけでなく，保護者や地域の関係者，医療・福祉の関係機関と連携して行われるべきであることを示唆しています（第6章）。

　第2段落では，教育の対象と場の拡大が明示されています。すなわち，これまでの特殊教育が対象とする障害（視覚障害，聴覚障害，肢体不自由，知的障害，病弱など）だけでなく，知的な遅れのない発達障害も対象に含まれる，としています。教育の場についても，特別な場に限るのではなく，小・中学校など通常学級にも発達障害などの特別な支援が必要な子が在籍する前提で，すべての学校で実施されることを明確にしています。

　そして，第3段落では「**共生社会**」がキーワードです。障害ある児童生徒の教育にとどまらず，様々な人々が互いの違いを認識しつつ，生き生きと活躍できる社会を目指し，特別支援教育がその基礎となる，としています。共生社会とは「これまで必ずしも十分に社会参加できるような環境になかった障害者等が，積極的に参加・貢献していくことができる社会」とされています。これは第3節で述べる世界的なインクルーシブ教育に通じる考え方と言えます。

2．関連する国際的な動き：背景となる障害の捉え方と諸概念

［1］障害の捉え方の変化

　そもそも，障害とはどのような状態を指すのでしょうか。実は，障害の捉え方は時代によって変化しています。障害をどう捉えるかによって，支援をどのように行うかも変わるため，まずは障害の捉え方を知る必要があるでしょう。

図 1-2　ICIDH の階層構造モデル

(1) 国際障害分類（ICIDH）　　世界保健機関（WHO）は 1980 年に**国際障害分類（ICIDH）**を提示し，それが障害の捉え方の国際的な枠組みとなりました。ICIDH では障害を，機能・形態障害，能力障害，社会的不利の 3 つのレベルで階層的に捉えます（図 1-2）。機能・形態障害は疾病などの結果としてもたらされた身体の機能損傷または機能不全で，医療の対象になるものです（例：足の麻痺）。能力障害はそれによってもたらされた日常生活や学習上の様々な困難で，教育によって改善・克服することが期待されるものです（例：麻痺による移動の困難）。社会的不利は機能・形態障害と能力障害によって生じる社会生活上の不利益で，福祉施策によって補うことが期待されるものです（例：自力で外出できず就職困難）。

　このモデルは障害を 3 つに分けて捉えたことにより，医療・教育・福祉の各領域での支援が明確になった点で画期的でしたが，一方で，「できない」という障害のネガティブな側面が強調されるとの批判も受けました。また，身体的な機能不全が能力低下をもたらして社会参加が妨げられるという一方向的な流れで障害を捉えられてしまう可能性も考えられました。

　(2) 国際生活機能分類（ICF）　　そこで，WHO は ICIDH を改訂し，2001 年に**国際生活機能分類（ICF）**を発表しました。ICF は障害のある人だけでなく障害のない人も含めて，あらゆる人の健康状態を捉える枠組みです（図1-3）。人々が生活しやすいかどうかという**生活機能**が核で，①心身機能・身体構造，②活動，③参加の 3 要素で構成され，それぞれに支障がある状態を，①機能障害，②活動制限，③参加制約と呼び，障害と捉えます。

　また，これらの生活機能は健康状態と背景因子（環境因子と個人因子）によって相互に影響し合う，としています。ここで重要なのが**環境因子**です。つまり，生活のしにくさは心身機能の障害だけで引き起こされるのではなく，物理的な環境整備や周囲の理解や支援などの人的社会的環境からも影響されており，環境が調整されれば活動と参加の状況が改善される，と捉えます。たとえ

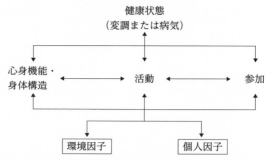

図1-3　ICFの構成要素間の相互作用モデル（厚生労働省，2002）

ば，足に麻痺があって外出できない人であっても，本人の歩く訓練だけに頼るのではなく，車椅子でも移動しやすい道路や家屋の構造などの環境を整備すれば，その人の活動と参加がしやすくなるでしょう。これは障害のポジティブな捉え方と言えます。

　ICFの考え方は，障害について心身の機能障害を重視する医学モデルと，社会の制度や環境が障壁となって生じる社会モデルを統合した捉え方です。障害を多面的に捉え，様々な支援につながりやすくなりました。こうして，障害のみの分類から，あらゆる人間を対象に，その生活と人生のすべてを捉えるように変わったのです。

［2］インクルージョンへの動き

　（1）ノーマライゼーション　　障害の有無にかかわらず，人は誰しもそれぞれ固有の尊厳を持っており，尊厳が保てる社会を築くことが求められます。社会福祉活動家で著名なヘレン・ケラーは「障害は不自由ではあるが不幸ではない。障害者を不幸にしているのは社会である」との言葉を残しています。その頃はいかに生活しにくい社会だったかと想像されます。

　今では，世界的に社会福祉の目指すべき理念として**ノーマライゼーション**があります。ノーマライゼーションとは，障害のある人も社会の一員として，可能な限り通常の生活を送れるようにすることです。1950年代にデンマークのバンク＝ミケルセン（N. E. Bank-Mikkelsen）とスウェーデンのニリエ（B. Nirje）によって提唱されました。当時は多くの知的障害者が隔離された劣悪

な環境下に置かれていたため，その反省から，障害によって通常の環境と生活が制限されてはならないと考えたのです。この理念は障害者の人間としての尊厳と権利保障の思想として，後の教育や福祉政策に大きな影響を与えています。

(2) バリアフリーとユニバーサル・デザイン　　ノーマライゼーションの考え方から，バリアフリーという理念・運動も始まりました。バリアフリーという語は，1974 年に「国際障害者生活環境専門家会議」でバリアフリー・デザインの報告書が作成されたことで広がり始めました。そもそもは，建築物で物理的な段差などの障壁を取り除く意味ですが，そこから発展して，障害者や高齢者などの社会参加を妨げる様々なバリア（障壁）の除去という考え方へと広がりました。バリアには①物理的，②制度的，③文化・情報，④心（意識）のバリアという 4 種がある，と言われています（全国特別支援学校長会・全国特別支援教育推進連盟，2020）。

バリアフリーの考え方はさらに，最初から障壁を作らずに誰もが使いやすいよう配慮する手法，というユニバーサル・デザインの考え方へと発展しています（図 1-4）。建築や製品だけでなく，教育の場においても誰もがわかりやすいように，「授業のユニバーサル・デザイン」への取り組みも行われています。

(3) 特別ニーズ教育　　特別支援教育のキーワードである「特別な教育的ニーズ」という語はイギリスが発祥です。1978 年のウォーノック報告で，そ

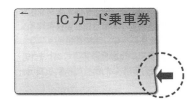

視覚障害のある人がカードの向きを
判別できるよう配慮したもの

シャンプーとリンス，ボディーソープの違いが触ってわかるように配慮したもの

図 1-4　身近なユニバーサル・デザインの例（全国特別支援学校長会，2020）

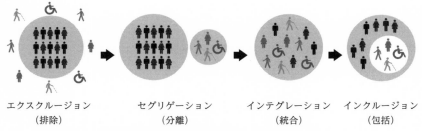

エクスクルージョン　　　セグリゲーション　　　インテグレーション　　インクルージョン
（排除）　　　　　　　　（分離）　　　　　　　（統合）　　　　　　　（包括）

図1-5　障害ある子の教育概念の変化（吉利，2018を一部改変）

れまでの障害種別に応じた画一的な特殊教育を廃し，特別な教育的手立てと学習における困難さに着目して特別な教育的ニーズに応じた教育が提唱されました。そして，1994年にユネスコとスペイン政府との共催で開かれた「特別ニーズ教育に関する世界会議」で採択された**サラマンカ声明**において，**特別ニーズ教育**（SNE: Special Needs Education）が提唱され，国際的に共有されるようになりました。なお，支援の対象は障害だけでなく，不登校や貧困や民族的マイノリティなど様々な理由で，学習に困難があり特別な教育的な手立てが必要な子どもたちも含まれることになり拡大されました。

［3］インクルージョン

　ノーマライゼーションの理念を背景に，障害のある子の教育のあり方が変化してきています。それ以前は障害児が通常教育とは隔離された別の学校で学ぶ分離教育でしたが，障害のある子の教育も障害のない子と同じ環境で行おうとする**インテグレーション**（統合教育）が進められるようになり，上述のサラマンカ声明によって，さらなる**インクルージョン**（包括教育）へと発展しました（図1-5）。つまり，インテグレーションは特殊教育と通常教育という別々の制度を同じ環境に統合するのに対し，インクルージョンは障害のある子も他の特別な教育的ニーズのある子も含めて，すべての子を排除せずに通常教育の制度の中に包み込もうとしています。こうして，今やインクルーシブ教育システム（第3節）を構築する時代になったのです。

3. インクルーシブ教育システム

[1] インクルーシブ教育システムと障害者権利条約

　日本の特別支援教育は障害者に関する国際的な動きと密接に連動して，上述のインクルージョンの捉え方で，具体的に教育制度のあり方が変化してきています。

　2006年12月，国連総会で「障害のある人の権利に関する条約」（以下，**障害者権利条約とする**）が採択され，日本も条約の批准に向けて，国内の障害者に関する法令や制度の整備が行われました（コラム1参照）。条約では，障害に基づくあらゆる差別の禁止，障害者の社会参加の促進，権利実現のための措置などが規定されており，教育に関してもインクルーシブ教育システムという理念が提示されています。**インクルーシブ教育システム**とは，まず簡潔に言うと「障害のある子と障害のない子が可能な限り共に学ぶ仕組み」です。日本の教育も条約に基づいてインクルーシブ教育システムを構築すべく，特別支援教育を着実に進めていくことになりました。

　さらに，障害者権利条約の記述と関連づけて，見ていきましょう。条約の教育に関する第24条に，インクルーシブ教育システムとは「人間の多様性の尊重等の強化，障害者が精神的及び身体的な能力等を可能な最大限度まで発達させ，自由な社会に効果的に参加することを可能とするとの目的の下，障害のある者と障害のない者が共に学ぶ仕組みのことである」と明記されています。さらに「障害のある者が教育制度一般から排除されないこと，自己の生活する地域において初等中等教育の機会が与えられること，個人に必要な『合理的配慮』が提供されること」を求めています。つまり，上述したように，すべての子を排除せずに地域の通常教育の制度の中に包み込もうとするインクルージョンの捉え方で，障害のある子と障害のない子とが可能な限り共に学ぶ仕組みが，インクルーシブ教育システムである，と導けるでしょう。

[2] インクルーシブ教育システムの構築のために

　2012年7月に中央教育審議会初等中等教育分科会から「共生社会の形成に

コラム1　特別支援教育に関わる法令

　特別支援教育について学ぶとき，様々な場面で法令が登場します。法令と聞くと，なにか縁遠く感じがちですが，人々の権利や生活のあり方を支える大事な柱です。

　まず，本文で学んだように，インクルーシブ教育システムの構築を目指す特別支援教育は，国連で採択された「障害者の権利に関する条約」（以下，障害者権利条約）に大きく関連し，その考え方に基づいて進められています。

　障害者権利条約とは，障害者の人権や基本的自由の享有を確保し，尊厳の尊重を促進するために，障害者の権利実現のための措置などを定めるもので，2006年に国連で採択されました。同条約には，障害に基づくあらゆる差別の禁止，そして，合理的配慮の定義も示されており，合理的配慮の不提供は障害に基づく差別にあたると明記されています。日本は翌2007年に署名を行いましたが，実際に効力が発生する批准は2014年となっています。なぜ署名から批准までに時間を要したかというと，同条約に見合った状況が整っていない，すなわち，国内法令の整備が不十分である，と議論されたからです。

　これを受け，次々に法令が整えられていきました。2011年に障害者基本法の改正，2012年に障害者自立支援法に代わる障害者総合支援法の成立，2013年に障害者差別解消法の成立および障害者雇用促進法の改正という運びです。順に見ていくと，障害者基本法は共生社会を実現するため，文字どおり，障害者施策に関する基本原則を定めた法律です。注目されるのは，いわゆる3障害（身体障害・知的障害・精神障害）に発達障害を含め，個人の心身機能の障害が社会的障壁との相互作用において捉えられている点です。さらに「差別の禁止」として，合理的配慮にも言及されています。次いで障害者総合支援法は障害者の日常・社会生活を総合的に支援すべく，自立支援システムの構築を目指すものです。障害者雇用促進法は障害者の職業の安定を図ることを目的に，事業主の義務や差別禁止，合理的配慮の提供などを定めています。

　なかでも，障害者差別解消法は，すべての人が障害の有無に分け隔てられることなく共生する社会を実現するために，障害者差別の解消に向けた基本事項や措置等を定めたものです。障害者基本法が規定する「差別の禁止」が具体化されており，障害を理由とした不当な差別的取扱い（例：車いすでの入店拒否）の禁止，ならびに合理的配慮の提供が義務づけられています。合理的配慮の提供については，同法では従来，行政機関等には法的義務が課される一方で，事業者は努力義務に留まっていましたが，2021年5月に法改正され，事業者にも法的義務が課されるようになりました。同法によって，これからの社会がどのように変化していくのか，注目されるところです。他にも，発達障害者支援法で発達障害が法的に位置づけられ，ライフステージに応じた切れ目のない支援が掲げられましたが，このことは発達障害に対する現在の社会的な理解につながっています。

　以上に見てきたように，法令を通して，障害を巡るこれまでと，当事者・関係者たちの思いも計り知ることができるでしょう。しかしながら，現在も課題は山積です。より良い私たちの未来のためにも，法令を理解したうえで社会を注視し，参画することが重要です。

（大井雄平）

向けたインクルーシブ教育システム構築のための特別支援教育の推進（報告）」
が提出され，現在の特別支援教育のあり方を示すものとして知られています。
この報告では，共生社会の形成に向けて，障害者権利条約に基づくインクルー
シブ教育システムの理念が重要であり，その構築のため，特別支援教育を着実
に進めていく必要がある，としています。ここで**共生社会**とは，誰もが相互に
人格と個性を尊重し支え合い，多様なあり方を認め合える全員参加型の社会の
ことです。したがって，現在の日本の特別支援教育では，障害者が積極的に参
加・貢献でき，誰もが多様性を認め合える共生社会の形成を目指して，インク
ルーシブ教育システムを構築していく，というわけです。

　この報告では，**連続性のある「多様な学びの場」**の整備が提言されています。
将来を見据えて「その時点で教育的ニーズに最も的確に応える指導が提供でき
るように，多様で柔軟な仕組みを整備し，通常学校，通級による指導，特別支
援学級，特別支援学校と，連続性のある『多様な学びの場』を用意しておく」
としている点が特徴的です（第2章）。障害のある子と障害のない子が単に同
じ場にいればよいわけではなく，「授業内容が分かり学習活動に参加している
実感・達成感をもちながら，充実した時間を過ごしつつ，生きる力を身に付け
ていけるかどうか」が最も本質的な視点としています。つまり，個々の子ども
の教育的ニーズが変化したら，その変化に応じて達成感がもてるような最も的
確な指導が提供できるよう，学びの場が連続性をもって円滑に接続する柔軟な
仕組みを整備することが求められているのです。

　さらに，次の3点から特別支援教育をいっそう発展させていく必要性も指摘
されています。3点は，①医療・保健・福祉・労働等との連携を強化して教育
の充実を図る，②地域の子・人々と交流して地域での生活基盤を形成する，③
周囲の障害者理解を推進して公平な社会構成員としての基礎を作る，とまとめ
られるでしょう。

［3］合理的配慮と基礎的環境整備

　障害者権利条約では，教育における「**合理的配慮の提供**」を求めており，特
別支援教育もそれに沿って進められています。上記の報告にも，合理的配慮の
提供とその基礎となる環境整備の充実の重要性が提言され，以下のように説明

されています。

> ・合理的配慮：障害のある子供が，他の子供と平等に教育を受けられる
> ように，学校が必要かつ適当な変更・調整を行うことであり，過度の負
> 担を課さないもの。
> ・基礎的環境整備：「合理的配慮」の基礎となるもので，障害のある子
> 供に対する支援について，法令に基づき又は財政措置により行う教育環
> 境の整備のこと。

　ここで「合理的（reasonable）」が少々わかりにくいかもしれません。言い
換えると，合理的配慮とは「個別に必要とされる，理にかなった変更・調整」
であり，「理にかなった」とは過度の負担でなく公平性がある，という意味で
す。たとえば，最近，役所やバス・タクシーなどの公共交通機関で「筆談でご
案内します」という掲示を目にしますが，これは音声言語だけではコミュニ
ケーションが難しい人への合理的配慮の一例です。対応する人にとって文字を
書いて伝えるのは特に負担ではなく，それでお互いが意思疎通できるわけです。
そのような配慮を教育の場で行うのが，教育における合理的配慮の提供です。
たとえば，読み書きに困難があるなら，配布資料の文字を読みやすいフォント
に変換する（本書はそのフォント使用），タブレット端末の使用を認める，な

表1-1　合理的配慮の観点（文部科学省，2012）

①教育内容・方法
　1　教育内容
　　1-1　学習上または生活上の困難を改善・克服するための配慮
　　1-2　学習内容の変更・調整
　2　教育方法
　　2-1　情報・コミュニケーションおよび教材の配慮
　　2-2　学習機会や体験の確保
　　2-3　心理面・健康面の配慮
②支援体制
　1　専門性のある指導体制の整備
　2　幼児児童生徒，教職員，保護者，地域の理解啓発を図るための配慮
　3　災害時等の支援体制の整備
③施設・設備
　1　校内環境のバリアフリー化
　2　発達，障害の状態および特性等に応じた指導ができる施設・設備の配慮
　3　災害時等への対応に必要な施設・設備の配慮

どです。その内容は一人一人の障害の状態や教育的ニーズなどによって，様々に異なります（表1-1，コラム参照，国立特別支援教育総合研究所のサイトに「インクルーシブ教育システム構築支援データベース（インクルDB）」あり）。

　一方，基礎的環境整備とは，合理的配慮を行う基礎となる教育環境の整備であり，都道府県や市区町村などの学校の設置者が中心に取り組むものです。物理的な施設・設備の整備だけでなく，ネットワークの形成，教材の確保，専門性ある人的資源の配置などが示されています。

　合理的配慮の提供では，子どもの最善の利益を考慮して，子どもや保護者とよく連携して，丁寧な合意形成を図って進めていくことが重要です。現在も特別支援教育の様々な整備が進められていますが，その理念の実現にはまだ課題もあるため，真に教育的ニーズに応じた教育となるよう，いっそうの進展が求められます。

（柏崎秀子）

◆━━━━━━【内容をまとめよう】━━━━━━◆

　今世紀に障害の捉え方が変わり，ICFでは（　　　）で捉えます。障害のある子どもの教育は特殊教育から（　　　）に転換され，一人一人の特別な（　　　）に応じた指導・支援を行い，その対象となる障害は（　　　）も加わり，（　　　）の学校で行われます。国連で採択された（　　　）に基づいて，障害のある子とない子が共に学ぶ（　　　）を構築するため，個別に必要な理にかなった変更調整である（　　　）の提供が求められています。

◆━━━━━━【調べよう・考えよう】━━━━━━◆

・最近の新聞で，障害に関する内容を扱った記事を探しましょう。
・①その内容を200字程度に要約し，②自分の考えを400字程度で書きましょう。

コラム2　学校における合理的配慮の具体例

　2016年（平成28年）4月に「障害を理由とする差別の解消の推進に関する法律（障害者差別解消法）」が施行され，学校の設置者および学校は，負担になり過ぎない範囲で，障害のある幼児児童生徒に必要な「合理的配慮」を提供することが求められるようになりました。以下に，学校における合理的配慮の具体例をいくつか挙げましょう。

学習面での合理的配慮例
①授業における配慮例
・視覚障害があり，黒板の文字が見えづらい児童生徒
　　➡ 黒板の文字が見えやすい座席に配置する：《座席の配慮》
・LD（学習障害）の傾向があり，板書をノートに写すのが遅い児童生徒
　　➡ 穴埋め式のワークシートを作成したり，ノートに写す分量を軽減したり，板書の一部を写真撮影してよいことにする：《ノートテイクへの配慮》
②試験における配慮例
・上肢に麻痺（肢体不自由）があり，文字を書くのに時間を要する児童生徒
　　➡ 試験問題を拡大したり，試験時間を延長したりする：《受験への配慮》
・視覚障害があり，試験問題が読めない児童生徒
　　➡ 別室での受験や拡大鏡の使用を許可したり，試験時間を延長したりする：《受験への配慮》

生活面での合理的配慮例
①感情のコントロールが難しい場合に対する配慮例
・ADHD（注意欠陥多動性障害）やASD（自閉症スペクトラム）があり，イライラしたり，感情的になったり，パニックになったりする児童生徒
　　➡ 気持ちが落ち着く場所（別教室）を用意し，クールダウンを図る。また，自分自身の気持ちや状況を振り返る機会を設定する：《衝動性などへの配慮》
②感覚過敏に対する配慮例
・ASDがあり，授業中に周囲の音が気になって教師の話に集中できない児童生徒
　　➡ イヤーマフなどを使用し，周囲の音を遮断できるようにする：《音刺激への配慮》
③見通しがもてないことに対する配慮例
・どのようなことに取り組むべきか見通せなくて，行動に戸惑う児童生徒
　　➡ 毎日の予定やその月の行事の予定表などを教室に掲示する：《見通しへの配慮》

　なお，困難さの状況は一人一人の児童生徒で異なるため，実際にどのような配慮を行うかは，個別のケースに応じて異なることを理解しておいてください。

（大崎博史）

第2章
特別支援教育の多様な
学びの場とその連続性

　この章では，特別支援教育に関係する多様な学びの場それぞれの基本的な特徴や教育課程について学びます。そして，いずれの学びの場でも重要となる「個別の教育支援計画」と「個別の指導計画」について理解したのち，多様な学びの場がそれぞれ独立しつつも連続的であることを確認します。

1．特別支援学校

　特別支援教育に関する学びの場は多様です。それらのうち特別支援学校から見ていきましょう。

[1] 特別支援学校の基本的な特徴

　特別支援学校は障害のある子どもが通う学校で，幼稚部，小学部，中学部，高等部からなります。4つの学部のすべてがある学校もあれば，1学部だけの学校もあり，設置義務は都道府県にあります。以前の特殊教育のときは，盲学校，聾学校，養護学校の3種がありましたが，特別支援教育に改正されたときに特別支援学校1つにまとまりました。ただし，現在でも「○○盲学校」などの名称の学校もあります。なお，在籍する子どものなかには，重度・重複障害や重篤な疾病があり，日々の登校が難しい子どももいるため，教員が家庭や病院などに出向いて授業を行う訪問学級（訪問教育）も行われています。

　特別支援学校には2つの目的があります（学校教育法第72条，巻末参照）。第1は，小・中学校等に準ずる教育を施すことです。「準ずる」は「同等の」という意味と捉えてよいでしょう。第2は，障害による学習上又は生活上の困

表 2-1　特別支援学校の障害の程度（学校教育法施行令第 22 条の 3）

区　分	障害の程度
視覚障害者	両眼の視力がおおむね〇・三未満のもの又は視力以外の視機能障害が高度のもののうち，拡大鏡等の使用によっても通常の文字，図形等の視覚による認識が不可能又は著しく困難な程度のもの
聴覚障害者	両耳の聴力レベルがおおむね六〇デシベル以上のもののうち，補聴器等の使用によっても通常の話声を解することが不可能又は著しく困難な程度のもの
知的障害者	一　知的発達の遅滞があり，他人との意思疎通が困難で日常生活を営むのに頻繁に援助を必要とする程度のもの 二　知的発達の遅滞の程度が前号に掲げる程度に達しないもののうち，社会生活への適応が著しく困難なもの
肢体不自由者	一　肢体不自由の状態が補装具の使用によっても歩行，筆記等日常生活における基本的な動作が不可能又は困難な程度のもの 二　肢体不自由の状態が前号に掲げる程度に達しないもののうち，常時の医学的観察指導を必要とする程度のもの
病弱者	一　慢性の呼吸器疾患，腎臓疾患及び神経疾患，悪性新生物その他の疾患の状態が継続して医療又は生活規制を必要とする程度のもの 二　身体虚弱の状態が継続して生活規制を必要とする程度のもの

難を克服し自立を図るために必要な知識技能を授けることです。

　特別支援学校に通う子どもは，対象（障害種）と程度が定められています。対象は，視覚障害者，聴覚障害者，知的障害者，肢体不自由者，病弱者（身体虚弱者を含む）の 5 障害で，障害の程度は表 2-1 のとおりです。障害の重度・重複化が顕著なことも最近の特徴です。学級編成は，小学部と中学部は 6 人（重度・重複障害は 3 人），高等部は 8 人（同 3 人）が標準です。

［2］特別支援学校の教育課程

　特別支援学校の子どもは障害特性や発達段階などの個人差がとても大きいため，3 つの教育課程が編成できるようになっています。

　第 1 は小・中学校等に準ずる教育課程です。上述の 5 障害のうち，知的障害を除く 4 障害が対象で，小・中学校等と同一の各教科等で構成されます。このとき，子どもの障害の状態や発達段階などを考慮して，特別支援学校学習指導要領に示されている配慮事項を踏まえた指導を行います。また，特別支援学

表 2-2　自立活動の内容（6 区分 27 項目）

区　分	項　目
1　健康の保持	(1)　生活のリズムや生活習慣の形成に関すること。 (2)　病気の状態の理解と生活管理に関すること。 (3)　身体各部の状態の理解と養護に関すること。 (4)　障害の特性の理解と生活環境の調整に関すること。 (5)　健康状態の維持・改善に関すること。
2　心理的な安定	(1)　情緒の安定に関すること。 (2)　状況の理解と変化への対応に関すること。 (3)　障害による学習上又は生活上の困難を改善・克服する意欲に関すること。
3　人間関係の形成	(1)　他者とのかかわりの基礎に関すること。 (2)　他者の意図や感情の理解に関すること。 (3)　自己の理解と行動の調整に関すること。 (4)　集団への参加の基礎に関すること。
4　環境の把握	(1)　保有する感覚の活用に関すること。 (2)　感覚や認知の特性についての理解と対応に関すること。 (3)　感覚の補助及び代行手段の活用に関すること。 (4)　感覚を総合的に活用した周囲の状況についての把握と状況に応じた行動に関すること。 (5)　認知や行動の手掛かりとなる概念の形成に関すること。
5　身体の動き	(1)　姿勢と運動・動作の基本的技能に関すること。 (2)　姿勢保持と運動・動作の補助的手段の活用に関すること。 (3)　日常生活に必要な基本動作に関すること。 (4)　身体の移動能力に関すること。 (5)　作業に必要な動作と円滑な遂行に関すること。
6　コミュニケーション	(1)　コミュニケーションの基礎的能力に関すること。 (2)　言語の受容と表出に関すること。 (3)　言語の形成と活用に関すること。 (4)　コミュニケーション手段の選択と活用に関すること。 (5)　状況に応じたコミュニケーションに関すること。

学習指導要領に示された領域である**自立活動**を行います。

　自立活動の目標は，「個々の児童又は生徒が自立を目指し，障害による学習上又は生活上の困難を主体的に改善・克服するために必要な知識，技能，態度及び習慣を養い，もって心身の調和的発達の基盤を培う」ことであり，その内容としては表 2-2 に示す 6 区分 27 項目があります。指導にあたっては，子ども一人一人の実態把握を行い，障害の状態や改善・克服する課題を明らかにし

表 2-3 各教科等を合わせた指導

指導名	特 徴
日常生活の指導	子どもの日常生活が充実し，高まるように日常生活の諸活動について，知的障害の状態，生活年齢，学習状況や経験等を踏まえながら計画的に指導する。
遊びの指導	主に小学部段階において，遊びを学習活動の中心に据えて取り組み，身体活動を活発にし，仲間とのかかわりを促し，意欲的な活動を育み，心身の発達を促していく。
生活単元学習	子どもが生活上の目標を達成したり，課題を解決したりするために，一連の活動を組織的・体系的に経験することによって，自立や社会参加のために必要な事柄を実際的・総合的に学習する。
作業学習	作業活動を学習活動の中心にしながら，子どもの働く意欲を培い，将来の職業生活や社会自立に必要な事柄を総合的に学習する。

て，自立活動の項目と関連づけながら指導計画を立案し，指導を行います。自立活動は，授業時間を特設して行う指導を中心としつつ，各教科等の指導と密接な関連を図ることとなっています。

第2の教育課程は知的障害の子どものための教育課程です。知的障害の特性などを踏まえた目標や内容の教科（知的障害教科）と自立活動などで編成されます。また，柔軟な授業構成で，各教科や自立活動などの一部又は全部を合わせて指導することができる（**各教科等を合わせた指導**：表 2-3）のも特徴です（なお，個人差が大きいことを踏まえて，最新の学習指導要領からは小・中学校等の各教科の目標及び内容を参考にした指導もできるようになっています）。

第3の教育課程は，自立活動を中心に編成する教育課程です。これは障害が重度・重複の子どもを対象にしています。

［3］特別支援学校が行う交流及び共同学習

交流及び共同学習は，障害のある子どもと障害のない子どもが，同じ社会に生きる人間として，お互いを正しく理解し，共に助け合い，支え合うことの大切さを学ぶ機会です。特別支援学校に関係するものとして，学校間交流と居住地校交流があります。

学校間交流は，特別支援学校の子どもと小・中学校等の子どもが共に活動や学習を行うものです。たとえば，ある小学校の3年生が近隣の特別支援学校を

訪問して，小学部の子どもと一緒にスポーツを行うなどの活動があげられます。両校の距離が近く子どもが訪問しやすいなどが主要な実施条件でしょう。

　一方，居住地校交流は，特別支援学校の子どもが居住している地域の小・中学校等の子どもと共に活動や学習を行うものです。教科や学校行事などに参加し一緒に活動する直接交流のほか，手紙などの交換を行う間接交流も実施されています。

［4］ 特別支援学校のセンター的機能

　特別支援学校には，その学校に在籍する子どもの教育のほかに，小・中学校等の要請に応じて，特別支援教育に関しての必要な助言又は援助を行う**センター的機能**が定められています（第6章）。その内容は，悩みを抱える教師への相談・助言，医療や福祉などの関係機関との情報提供や連絡・調整，教材・教具の開発や工夫の支援，発達障害に関する教員研修の講師や助言者などがあります。この制度により，小・中学校等で障害のある子どもの指導・支援に困りごとが生じたとき，学校同士がチームを組んで解決にあたることができます。

［5］ 特別支援学校への就学制度

　特別支援学校への就学については，かつては，表2-1に該当する障害のある子どもは原則として特別支援学校に就学することとし，特別の事情がある場合は認定就学者として小学校に就学できる制度でした。しかし，平成26年度入学者からは，図2-1のように，市町村教育委員会が障害のある子ども一人一人について十分な検討を行って，小学校又は特別支援学校への就学を判断・決定する仕組みへと改正されました（特別支援学校への就学が適当と認められた者を認定特別支援学校就学者と呼びます）。なお，その際，本人・保護者や専門家の意見を聞くことになっています。

　また，特別支援学校と小・中学校の間の転学についても，子どもの障害の状態だけにとらわれず，必要な支援や体制整備の状況などの変化によって柔軟に検討されることとなり，転学の垣根はこれまでと比べて格段に低いものに変わりつつあります。つまり，多様な学びの場が連続しているのです（第5節）。

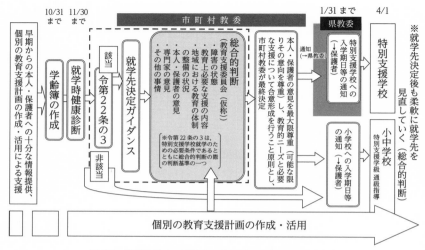

図 2-1　就学先決定の手続きの流れ（教育支援資料，2013）

2．小・中学校等にある特別な教育の場

　特別な学びの場は，小・中学校等にもあります（第3章で詳述）。

［1］特別支援学級

　特別支援学級は，小・中学校に置かれる障害のある子どもで編成される学級です。「なかよし学級，わかくさ学級」などと呼ばれているかもしれません。なお，すべての小・中学校に設置されているわけではありませんし，いまだに高等学校には設置されていません。

　特別支援学級の対象は，知的障害者，肢体不自由者，身体虚弱者，弱視者，難聴者，言語障害者，自閉症・情緒障害者の7障害です。学級編成は，小学校，中学校とも児童生徒8人が標準です。

　特別支援学級では特別の教育課程を編成することができます。その特徴として，障害による学習上又は生活上の困難を克服し自立を図るために自立活動を取り入れます。また，各教科の目標・内容を下学年のものに替えたり，特別支援学校の知的障害教科に替えたりなど，子どもの実態に応じた教育課程を編成します。また，校内の通常学級の子どもとの交流及び共同学習（校内交流）も

あり，教科の授業，朝や帰りの学級活動，運動会などの学校行事，給食など，子どもの学習状況や教育的ニーズに合わせた活動が行われます。

［2］通級による指導

　通級による指導とは，小・中・高等学校等の通常学級に在籍する障害の程度が比較的軽い子どもが，授業のほとんどを通常学級で学びながら，一部の授業だけ障害に応じた特別の指導を特別な場（通級指導教室など）で受ける制度です。その実施形態は主に3つに大別されます。①在籍する学校にある通級指導教室などで指導を受ける自校通級，②在籍校以外の学校にある通級指導教室などで指導を受ける他校通級，③通級指導の担当教員が該当する子どもの在籍校を訪問して指導を行う巡回指導です。

　対象は，言語障害者，自閉症者，情緒障害者，弱視者，難聴者，学習障害者（LD），注意欠陥多動性障害者（ADHD），その他（肢体不自由者，病弱及び身体虚弱者）です。特別支援学校や特別支援学級と異なり知的障害者が対象でないこと，逆に特別支援学校や特別支援学級の対象ではない LD や ADHD が含まれていることがポイントです。

　指導を受ける子ども 13 人につき 1 名の担当教員が配置され，標準の授業時数は，子ども 1 人あたり年間 35 から 280 単位時間と定められています（LD及び ADHD は年間 10 から 280 単位時間）。自立活動の 6 区分 27 項目の内容を参考に，特別の教育課程を編成します。以前は各教科の内容を補充する指導も認められていましたが，現在は，各教科の内容を取り扱う場合でも，障害による学習上又は生活上の困難の改善又は克服を目的とする指導として位置づけます。

3．小・中学校等の通常の学級で学ぶ障害のある子どもの支援体制

　平成 24 年発表の「通常の学級に在籍する発達障害の可能性のある特別な教育的支援を必要とする児童生徒に関する調査結果」（文部科学省，2012）によると，LD，ADHD など知的な遅れのない発達障害のある子どもは，小・中学校における通常学級で約 6.5％程度も学んでいることが報告されており，小・中学校等の通常学級もまた障害のある子どもの重要な学びの場の 1 つと

なっています。この節では，そうした子どもの支援体制で重要なものを見ていきましょう（第6章で詳述）。

［1］特別支援教育コーディネーターの指名

　小・中学校等において特別支援教育推進の中核者となるのが**特別支援教育コーディネーター**です。大きく3つの役割をもっています。①特別支援学校や医療機関などの関係者・関係機関との連絡・調整，②指導・支援に悩んでいる教員や保護者に対する相談・助言，③特別支援教育に関する校内委員会や校内研修会などの企画・運営です。このように業務は多岐に渡りますが，その担当者は特別支援教育や発達障害の専門家が学校に配置されるわけではなく，校内の教員の中から校長が指名します。そのため，専門性の向上や前任者からの業務の引継ぎなどが大切になります。

［2］特別支援教育に関する校内委員会の設置

　小・中学校等で，障害のある子どもの実態把握を行い，支援方法などを検討するために，特別支援教育に関する**校内委員会**が設置されます。特に，学級担任制を原則とする小学校では，担任教師だけが支援の責任を背負いやすいため，校内委員会で検討して，学校全体の教育課題として位置づけることが大切です。構成員は，校長，副校長，教頭，特別支援教育コーディネーター，教務主任，生活指導主任，通級指導教室担当教員，特別支援学級担任教員，養護教諭，対象児の学級担任教員，学年主任などです。校内委員会は設置すればよいのではなく，実質的に機能することが重要であり，開催頻度や全教職員への検討事項の周知などが大切です。

［3］特別支援教育支援員の活用

　特別支援教育支援員は，障害のある子どもの支援を行うために小・中学校等に配置される専門スタッフです。障害のある子どもに対する日常生活上の支援，学習支援，教室間移動などの支援，健康・安全確保，運動会や学習発表会などの学校行事での支援などが主な役割です。学校教員ではありませんので，各教科等の授業を主導するわけではありませんが，通常の学級の障害のある子ども

の学習や生活のためには必要不可欠な校内スタッフとなっています。

［4］専門家による巡回相談の活用

　障害のある子どもの指導・支援に悩んでいる教師に対して，専門家による**巡回相談**も行われます。その相談内容は，たとえば，心理アセスメント結果の指導・支援への活用，教室環境の整備や構造化，子どもの困難さに応じた教材・教具の工夫，健康管理の注意点，保護者への相談や助言などが挙げられるでしょう。巡回相談担当者として，教育，医療，心理，福祉など多様な領域の専門家が活用されていますが，なかでも先ほど学んだ「特別支援学校のセンター的機能」の活用はとりわけ重要なものとして位置づけられています。

［5］困難さに応じた指導内容や指導方法の工夫

　通常学級の授業のほとんどは，障害のある子どもとない子どもが同じ学習活動に一緒に参加します。そこで，障害のある子どもが適切に学習を進められるように，最新の学習指導要領では，学習活動で生じる困難さに応じた指導内容や指導方法の工夫を，すべての教科等で計画的，組織的に行うこととなりました。各教科等の学習指導要領解説には「○○が困難な場合には，△△などの配慮をする」というように，困難さに対する配慮の意図と手立ての例がいくつか示されています。これは，「通常学級には障害のある子どもはほとんど在籍していない」という特殊教育の考え方が180度転換されたことを示しています。

4．個別の教育支援計画と個別の指導計画の作成と活用

［1］個別の教育支援計画

　障害のある子ども一人一人のニーズに応じた的確な支援を行うためには，学校だけでは限界があります。支援は，子どもの保護者や関係機関と連携して進められるものであり，また，子どもの卒業後の自立と社会参加を目指して長期間にわたって行われるものです。そこで活用されるのが**「個別の教育支援計画」**です。個別の教育支援計画は，障害のある学齢期の子どもに対して，教育，医療，保健，福祉，労働などの関係機関が家庭と連携・協働して，学齢期にお

ける一貫した支援を実現させるために作成し活用する計画です。図 2-2 はその
イメージですが，関係機関が連携して就学から卒業までのライフステージに応
じた一貫した支援をつないでいく様子が見て取れると思います。

　その書式例を見てみましょう（表 2-4）。まず注目したいのは，障害のある
子ども本人と保護者の願い（希望）から作成が出発している点です。本人不在
の計画ではなく，本人を中心にして，学校や関係機関が保護者と連携・協働し
て支援を構築していくことが大切であることが読み取れるでしょう。また，子
どもの様子について，困難なことや苦手なことだけではなく，得意なこと，頑
張っていることを積極的に記載します。その場，そのときだけの支援ではなく，
複数の支援者が支援をつないでいくように作成されていることもポイントです。

　その作成・活用に関わる具体的な専門機関には，特別支援学校や市町村教育
センターなどの教育機関，児童精神科や小児神経科などの医療機関，保健所や
保健センターなどの保健機関，放課後等デイサービスなどの福祉機関，そして
ハローワークや障害者職業センターなどの労働機関などがあります。

　作成・活用にあたっては，学齢期の前後に位置する就学期と移行期が特に重
要な時期とされています。たとえば就学期では，市町村教育委員会は保育園や

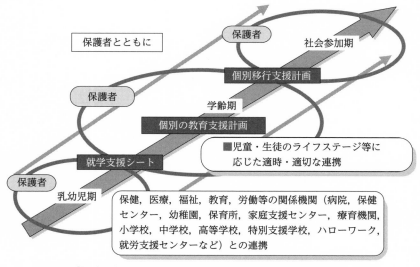

図 2-2 「個別の教育支援計画」による一貫した支援（東京都教育委員会，2014a）

表 2-4　個別の教育支援計画の書式例（東京都教育委員会，2014a）

フリガナ		性別	学年・組
氏名			
学校		校長名	
		担任名	
備考			

1　学校生活への期待や成長への願い（こんな学校生活がしたい，こんな子供（大人）に育ってほしい，など）

本人から	
保護者から	

2　現在のお子さんの様子（得意なこと・頑張っていること，不安なことなど）

3　支援の目標

学校の指導・支援	家庭の支援

4　支援機関の支援

在籍校	年度　　　年　　　組　　　担任名：
	年度　　　年　　　組　　　担任名：
	年度　　　年　　　組　　　担任名：

支援機関：　　　　　　　　担当者：　　　　　　連絡先：
支援内容：
支援期間：（　　　　　　　）～（　　　　　　　）
支援機関：　　　　　　　　担当者：　　　　　　連絡先：
支援内容：
支援期間：（　　　　　　　）～（　　　　　　　）

5　支援会議の記録

日時 平成　年　月　日　：　～　：	参加者：	協議内容・引継事項等
日時 平成　年　月　日　：　～　：	参加者：	協議内容・引継事項等
日時 平成　年　月　日　：　～　：	参加者	協議内容・引継事項等

6　成長の様子

7　来年度への引継ぎ

以上の内容について了解し確認しました。

平成　　年　　月　　日　　保護者氏名＿＿＿＿＿＿＿＿＿

幼稚園などと連携して，教育的ニーズや支援方法について整理して記載し，入学する学校に引き継ぎます。なお，就学期と移行期の書式は，就学支援シートや個別移行支援計画などの名称で，別途，作成・活用される場合もあります。

［2］個別の指導計画

　個別の指導計画は，個々の子どもの実態や教育的ニーズに応じて，適切な指導を行うために，学校で作成される計画です。子ども一人一人の各教科等の指導の目標，内容，方法などを明確にし，きめ細かに指導するために作成されます。個別の教育支援計画に示されている「学校の指導・支援」を具体化した計画といえるでしょう。学校と保護者（可能な限り子ども本人も参加して）が連携・協働して作成し活用されます。

　その書式は，特別支援学校や特別支援学級などの学びの場によって，様々あります。通常学級で用いられる一般的な書式は，実態把握（アセスメント），目標（長期目標と短期目標など），目標達成の手立て，その評価などを記載するようになっています（表 2-5）。また，学習，行動，対人関係，生活スキルなど，領域ごとに目標と手立てを記載する書式もあります。通級による指導で

表 2-5　個別の指導計画の書式例（東京都教育委員会，2014b）

氏名	生年月日　　年　月　日（　歳　月　学年） 記載時　　年　月　日（記載者　　　） 特記事項（　　　　　）	指導形態　週／月　　日　曜日：　　時間：　　集団／個別 指導領域　聞く／話す／読む／書く／計算する／推論する／ 　　　　　行動／社会性

長　期　目　標	設定日	評価日	評　　価
(1)			
(2)			
(3)			

対応する 長期目標	当期（　／　～　／　）の短期目標と手だて	評　　価	対応する 長期目標	来期（　／　～　／　）の短期目標と手だて
(1)	目標 ------ 手だて	(　) ------ (　)		目標 ------ 手だて
(2)	目標 ------ 手だて	(　) ------ (　)		目標 ------ 手だて
(3)	目標 ------ 手だて	(　) ------ (　)		目標 ------ 手だて

は，その指導で用いる個別の指導計画のほかに，通常学級の担任教員と通級による指導の担当教員とが連携・協働して指導するための連携型のものも作成・活用されています（第3章）。

［3］　2つの計画の作成と活用の義務

　従前より，特別支援学校の子どもには，個別の教育支援計画と個別の指導計画の2つを作成し活用することが義務となっていました。現在はそれに加えて，小・中学校等の特別支援学級に在籍する子どもと，通級による指導を受けている子どもにも必ず作成・活用することとなりました。また，通級による指導を受けていない通常学級の障害のある子どもに対しては，作成・活用に努めることとなっています。このように，通常学級も含めて特別支援教育に関係するすべての学びの場で，障害のある子どもが個別の教育支援計画と個別の指導計画を当たり前に作成・活用できる時代に入っているのです。

5.　特別支援教育における多様な学びの場の連続性

　平成24年のインクルーシブ教育システムに関する国の報告によれば，障害のある子どもとない子どもが同じ場で共に学ぶことを追求するとともに，教育的ニーズに最も的確に応える指導を提供できる多様で柔軟な仕組みを整備すること，つまり，小・中学校における通常の学級，通級による指導，特別支援学級，特別支援学校と，**連続性のある多様な学びの場**を用意することが求められています。図2-3の上方から，特別な場としての訪問学級（訪問教育），特別支援学校，特別支援学級，通級による指導が，下部には通常学級があります。通常学級に示されている「専門的スタッフ」は特別支援教育支援員などが，「専門家の助言」は巡回相談や特別支援学校のセンター的機能の活用などが該当すると考えられるでしょう。

　連続性のある多様な学びの場が機能するためには，それぞれの教育課程が独立しつつも連続的であり，学びの場が変わっても学習内容を継続し得ることが必要です。図2-4はその連続性をまとめたものです。まず，教科に着目すると，通常学級では，障害のある子どもに対して困難さに応じた指導内容や指導方法の工夫がすべての教科で行われます。特別支援学級では当該学年の教科のほかに，

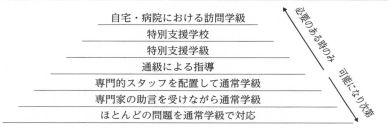

日本の義務教育段階の多様な学びの場の連続性

同じ場で共に学ぶことを追求するとともに，個別の教育的ニーズのある児童生徒に対して，自立と社会参加を見据えて，その時点で教育的ニーズに最も的確に応える指導を提供できる，多様で柔軟な仕組みを整備することが重要である。小・中学校における通常の学級，通級による指導，特別支援学級，特別支援学校といった，連続性のある「多様な学びの場」を用意しておくことが必要。

自宅・病院における訪問学級
特別支援学校
特別支援学級
通級による指導
専門的スタッフを配置して通常学級
専門家の助言を受けながら通常学級
ほとんどの問題を通常学級で対応

必要のある時のみ　可能になり次第

図 2-3　連続性のある多様な学びの場の模式図（文部科学省, 2012）

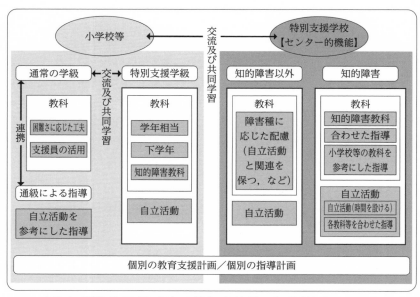

図 2-4　多様な学びの場における各教科と自立活動などの連続性（奥住, 2019）

下学年の教科や知的障害教科を取り入れて実態に応じた教育課程が編成されます。特別支援学校では，知的障害以外の子どもには小・中学校等に準ずる教科が行われます。知的障害のある子どもには知的障害教科が行われますが，必要な場合には小・中学校等の教科の目標及び内容を参考に指導することもできます。これらから，3つの学びの場で教科が連続的に関連している様子が見て取れるでしょう（ただし，通級による指導は教科指導が目的ではないことは注意する必要があります）。

　次に，自立活動についても，特別の学びの場それぞれで自立活動が行われており，通級による指導では自立活動の内容を参考に指導が行われ，特別支援学級と特別支援学校では教育課程に自立活動が取り入れられているのです。

　そして，多様な学びの場の連携や協働を支える制度として，特別支援学校のセンター的機能や交流及び共同学習があること，一貫した指導・支援のために個別の教育支援計画と個別の指導計画が活用されていることがわかるでしょう。

（奥住秀之）

◆━━━━━━━━━━【内容をまとめよう】━━━━━━━━━━◆

　特別支援教育には多様な学びの場があります。障害のある子どもが通う学校である（　　　），小・中学校において障害のある子どもで編成される（　　　），一部の授業だけ障害に応じた特別の指導を受ける（　　　），そして，通常の学級もその一つです。特別支援学校の教育課程には特別な指導領域として（　　　）があり，それは特別支援学級でも行われます。通常学級にも様々な支援体制があり，たとえば，特別支援学校の（　　　）的機能によって指導等に関する助言・援助が受けられます。
　個別の（　　　）計画は障害のある学齢期の子どもに対して保護者や関係機関と連携して長期の一貫した支援を進めるための計画であり，個別の（　　　）計画は学校で子ども一人一人の実態に応じた具体的な指導を明確にするための計画です。

◆━━━━━━━━━━【調べよう・考えよう】━━━━━━━━━━◆

・多様な学びの場の連続性を実現する方策として，どのような対応がなされているか，文部科学省 HP や学習指導要領などを調べて，まとめましょう。

・小・中学校などの学習指導要領の各教科の解説にある困難さに応じた工夫を調べて，どのような工夫があるか整理し，自分でも工夫を考えてみましょう。

コラム3　新学習指導要領における特別支援教育のポイント

　平成29年3月に小・中学校学習指導要領が，平成30年3月に高等学校学習指導要領が改訂され，「総則」に「児童（生徒）の発達の支援」が新たに規定され，「特別な配慮を必要とする児童（生徒）への指導」が明記されました。つまり，どの学級にも発達障害を含む障害のある児童生徒が在籍する可能性を踏まえた教育の充実が図られるようになったのです。また，特別な配慮の対象として外国につながる児童も含んで，日本語指導も言及されるようになりました。新学習指導要領の特別支援教育に関するポイントは以下のとおりです。

・「総則」に「児童（生徒）の発達の支援」が新たに規定され，「特別な配慮を必要とする児童（生徒）への指導」を具体的に明記。
・児童生徒の障害の状態等に応じた指導内容や指導方法の工夫を組織的かつ継続的に行う。
・特別支援学級及び通級による指導に「自立活動」を取り入れる。
・「個別の教育支援計画」及び「個別の指導計画」の作成と活用に努める。特別支援学級に在籍と，通級による指導を受ける児童生徒については，両方の指導計画を全員について作成する。
・各教科等で学習上の困難に応じた指導内容や指導方法の工夫。
・障害者理解教育，心のバリアフリーのための交流・共同学習。
・高等学校における通級による指導の制度化。
・日本語の習得に困難のある児童生徒への日本語指導。

　また，「各教科等で学習上の困難に応じた指導内容や指導方法の工夫」として，『学習指導要領　解説』では，教科別に具体的に，学習の過程で考えられる「困難さの状態」に対する「配慮の意図」＋「手立て」の例が示されるようになりました（表を参照）。読者の皆さんも自分が関わる教科ではどのような配慮の手立てができるのかを調べて確認してみるとよいでしょう。これらのポイントを押さえて，改めて第2章などの本文を読み直すと，現代の教育がインクルーシブ教育の実現に向けて着実に進んでいることがわかるでしょう。

表　各教科等における困難点への具体的な配慮の例（国語の場合）

困難点	配慮例
自分の立場以外の視点で考えたり他者の感情を理解したりするのが困難	・気持ちの移り替わりがわかる文章の中のキーワードを示す。 ・気落ちの変化を図や矢印などで視覚的にわかるように示してから言葉で表現させる。
文章を目で追いながら音読することが困難	・語のまとまりや区切りがわかるように分かち書きされたものを用意する。 ・読む部分だけが見える自助具（スリット等）を活用する。

（三浦昭広）

第3章
特別な学びの場と
5障害の理解

多様な学びの場のうち，特別な学びの場（特別支援学校，特別支援学級，通級による指導）について詳しく見ていきましょう。どのような障害の子たちが学んでいるか，障害に関する理解を深めながら，その教育の実際を知りましょう。

1. 特別支援学校の実際と5障害

[1] 特別支援学校の教育の特色

特別支援学校は，比較的障害が重い児童生徒のための学校です。対象は視覚障害，聴覚障害，知的障害，肢体不自由，病弱・身体虚弱の5障害です（第2章表2-1に障害程度を提示）。小・中学校等の教育に準ずるとともに，障害に応じた自立活動を行います。自立活動が特徴的で，障害に基づく種々な困難を改善・克服するために必要な技能，態度及び習慣を養います（第2章表2-2に一覧表）。小学部と中学部があり，幼稚部（視覚・聴覚障害）と高等部を有する学校もあります。複数の教育課程を編成し，障害の状態に応じた指導を行います。

また，以下の特徴もあります。

①個に応じた指導：教育的ニーズに対応した具体的な手立てで支援します。

②少人数学級：1学級は幼稚部8人，小・中学部6人，高等部8人が標準で，チーム・ティーチングで指導効果を高めます。

③施設・設備：バリアフリーな環境（点字ブロック，スロープ階段やエレ

ベーター，集団補聴装置など）で，安全に主体的に生活できるよう配慮されています。

　④教科書・教材の工夫：障害に配慮した教科書（点字や拡大），必要に応じて下学年用や絵本なども使用します。教材は個々の障害に対応して自作するなど創意工夫しています。

　⑤交流及び共同学習：障害のある子とない子が共に活動し社会性や豊かな人間性を育てます。

　⑥機器の活用：ICT環境を整備し，教科学習や情報収集・交流などで積極的に活用します。近年は，障害による操作上の不利・障壁の克服を支援するAT（支援技術）の活用も進みつつあります。

［2］視覚障害

（1）視覚障害の特性　　視覚障害とは視覚機能（視力，視野，光覚，色覚）の永続的な低下により，日常生活に制約がある状態のことです。教育分野では，視覚を活用する学習の可否で**盲**と**弱視**に分けられます。盲児は点字を使用し，視覚以外の聴覚や触覚等を活用して学習します。弱視児は視覚を活用して普通の文字による学習が可能ですが，文字の拡大や拡大鏡などの配慮が必要です。弱視児の見え方は様々で，ピントが合わない状態，曇りガラスから見るような混濁状態，まぶし過ぎて見えない暗幕不良状態，明るさが足りない光源不足状態，視線を向けた所が見えない中心暗状態，見える範囲が狭い視野狭窄などがあります。

　視覚は感覚情報入力の8割以上を占めると言われるため，その障害があると発達にも大きな影響を及ぼします。外界刺激を見て理解することや，他者の行動を見てまねることが困難なため，聴覚や触覚等の他の感覚を活用して周囲の様子を把握し，日常的な動作・技術を個々に学ぶ必要があります。全体と部分の関係把握も困難です。学習では「手で触れてわかる」触覚情報の利用が重要です。したがって，発達の早期から触る楽しさを経験させ，指先を積極的に動かし「触察」（触覚による観察）する能力を高めるよう促すことが大切です。また，聴覚や触覚等からの限られた情報や経験から言葉を覚えていくため，適切な概念やイメージが伴わずに，言葉が独り歩きしているような状態（バーバ

図 3-1　拡大読書器

リズム）になりやすいと言われています。そのため，可能な限り実物や動作等
と言葉を対応させて適切な概念的理解を促す指導・支援が求められます。

　(2) 視覚障害特別支援学校の教育　　幼稚部，小学部，中学部，高等部と専
攻科（卒業後の継続教育機関）があります。幼稚部の設置は感覚障害（視覚・
聴覚）では早期教育が有効とされるためです。

　盲児の指導では，点字教科書や模型・標本や凸図形などの触れる教材や音声
教材等を利用します。概念やイメージがつくりにくい内容は，実際に操作する
体験を多く取り入れ，イメージを言語化しては的確な表現に修正して，体験と
言語が結びつくようにします。指示語を避け簡潔で具体的な言語表現で説明す
ることを心がけます。弱視児の場合は，本人の見え方の状態に合わせ，拡大教
材や弱視レンズ，拡大読書器などの視覚補助具（図 3-1）を用いて，保有する
視力を活用して学習します。また，照明や対象の拡大等で見やすい環境をつく
り，少ない手がかりから推測して事物を捉える力を育てることが大切です。

　自立活動では点字利用の基礎となる学習の他，白杖を使って安全に歩く技術
や，視覚補助具の使い方，ICT を活用して情報を得る力などを身につけてい
きます。なお，高等部や専攻科では三療（あん摩マッサージ，鍼，灸）などの
国家資格取得を目指し，職業教育を行っています。

［3］聴覚障害

　(1) 聴覚障害の特性　　聴覚障害とは，聴覚器官の損傷により，聞こえない
か聞こえにくい状態です。損傷部位で，**伝音性難聴**と**感音性難聴**に大別されま
す。伝音性難聴は外耳から中耳に損傷があり，補聴器の装用で聞こえが改善さ

れやすいのに対し，感音性難聴は内耳や奥の聴神経に損傷があり，改善は難しいようです。聞こえの程度で軽度，中度，高度，重度難聴に分類され，中度難聴なら「普通の会話の大きさ（50～60 dB）が聞き取れないことがあり，補聴器の装用が必要」な状態です。聞こえにくさの状態は人によって様々です。音声情報を補障する機器には**補聴器**と**人工内耳**があります。補聴器は音を大きくする機器で，人工内耳は音を電気信号に変換し内耳に埋め込まれた電極に送って，聴神経を直接刺激する機器です。

　障害により，音声を聞き取って音声と事物を関連づけることが難しいため，言語獲得が大きな課題です。さらに，話し言葉が土台になる読み書きや教科学習にも支障をきたします。周囲への関心が薄くなり，情緒や社会性の発達にも影響します。そのため，障害の早期発見と支援がきわめて重要です。

　コミュニケーション方法では視覚と聴覚が活用されます。視覚的方法の手話は，**日本手話**（日本語とは異なる独自の文法と語彙体系）と**日本語対応手話**（日本語の文法や語順に従った配列），また，両者が混ざった**中間型手話**も使われています。**指文字**は日本語の個々の音節を手指で表すものです。**聴覚口話法**は聴覚と視覚を活用し，補聴器の活用による保有聴力で音声を聞きながら，発話者の口形や動きを見て発話内容を読み取る（**読話**）方法です。音声言語の理解と表出を目指し構音練習も行います。**トータルコミュニケーション**（TC）は，聴覚口話法とともに，指文字，手話，筆談などあらゆる手段を総合的に利用します。

(2) 聴覚特別支援学校の教育　　幼稚部，小学部，中学部，高等部があります。検査の普及で出生直後から障害を発見できるようになり，早期からの適切な指導のため，学校では乳幼児期から教育相談を行っています。幼稚部では補聴器で聴覚を活用して，遊びを通して話し言葉の力を育てます。小・中学部では教員の音声を一人一人に届ける**集団補聴システム**で保有聴力を活用しながら，小・中学校に準じた教科指導等を行い，基礎学力の定着を図ります。文字カードや絵・写真，デジタル教材などの視覚情報や情報機器を有効に活用して，概念の形成を促します。ただし，学習が抽象的思考になるにつれ，言葉で思考する教科学習でのつまずき（9歳の壁）が懸念されます。そのため，様々な場面・機会で言葉を見聞きする経験を積み重ね，読み書き能力の習得を意図した

丁寧な体系的な言語指導が必要です。

　自立活動はコミュニケーションに関する内容が主で，言語の受容と表出（例：音声会話の練習）や言語の形成と活用（例：日本語文法の習得）などに取り組みます。情報化社会で必要な文字情報のやり取りや読解力の育成も大切です。

[4] 肢体不自由

（1）肢体不自由の特性　　肢体不自由とは，四肢体幹に永続的な障害がある状態を指します。文部科学省（2013）は「身体の動きに関する器官が病気や怪我で損なわれ，歩行や筆記などの日常生活動作が困難な状態」としています。原因は脳性まひなどの脳原性疾患が多く，脳性まひには筋緊張の状態や麻痺部位による下位分類があります。まひによって姿勢の保持や意思的な身体動作が難しく，てんかんや知的障害や視知覚の障害が合併することも多く，その状態は人によって実に多様です。その他には，筋ジストロフィーや二分脊椎（脊椎の形成不全による）などの疾患もあります。また，呼吸や摂食の障害を伴う場合や，常時，**医療的ケア**（痰の吸引，鼻腔チューブでの経管栄養など）を必要とする場合もあります。

　身体の動きに困難があるため，様々な体験をする機会が不足しがちです。幼少期から周囲の介助を受け，自分でできることも周囲がやりがちです。それにより，新しい技能の学習機会や自分がやりたいことを自分で考える機会が制限されることもあるため，子どもの主体的な活動を保障するかかわりが大切です。

　主体性を引き出すには，自発的に意思を表現する手段の保障が重要です。音声発話や筆記など表出の困難があるなら，**拡大・代替コミュニケーション（AAC）**が活用できます。文字盤やシンボルやコミュニケーションボードの使用，**VOCA**（音声出力会話補助装置），意思伝達装置などです。近年は，AT（支援技術）の発展により，指先のわずかな力で機器が動かせ，視線でコンピュータ画面が操作できるなど，自分の意思や力で行動する機会の増加が期待されています。

　（2）肢体不自由特別支援学校の教育　　小学部，中学部，高等部があります。通学用の乗降リフト付きスクールバスを有し，通学が困難な児童生徒には教員

が出向く**訪問教育**も行われています。介助員が配置されたり寄宿舎がある学校
もあります。障害の実態は実に様々なため，教育課程は①通常の小・中学校等
と同じ課程，②知的障害の各教科を中心とした課程，③自立活動を主とした課
程，の3種類あることが特徴です（第2章参照）。

　授業では，姿勢を安定させる特別な椅子・机等の自助具，歩行等を助ける補
装具，支援技術などを活用して，個々に学習しやすい状況を整えています。情
報機器を活用して，不足しがちな体験を補う工夫もされています。自立活動で
は身体機能訓練（身体の動きの改善，目と手の協応操作の習得）やコミュニ
ケーション（代替機器等で意思を伝える練習）などを中心に取り組みます。ま
た，自力での食事に困難がある子には安全に食べる**摂食指導**や，障害に応じて
調理の仕方を変える**形態別調理**（細かく刻む，ペースト状など）もあり，感染
症対策や医療的ケアで看護師が配置されるなど，医療とも連携しています。

[5] 知的障害

　(1) 知的障害の特性　　知的障害とは，発達期（18歳まで）に起こり，知
的機能の発達に明らかな遅れがあり，適応行動に制約がある状態です。知的機
能とは感覚・記憶・抽象的思考等の認知や言語の能力であり，適応行動とは，
概念的スキル（読み書き・計算・推論などの学習技能），社会的スキル（対人
関係，社会的ルールの理解，集団行動），実用的スキル（日常生活習慣，買い
物や公共機関の利用などの生活スキル，運動技能）とされます。つまり，全般
的な発達の遅れによって社会参加に困難を示します。個々人でその状態は大き
く異なります。その原因について，特定できる場合は病理型（**ダウン症**などの
染色体異常，胎児期の感染，出生前後の外傷など），不明の場合は生理型に分
類され，多くが生理型です。

　学習・生活の点で，学習した知識・技能が断片的で実生活に活用しにくい，
他者の介助や指示を頻繁に受けて有能感がもちにくい，成功体験が少ないなど
により，意欲的・主体的に活動に取り組みにくい傾向にあります。しかし，状
態は固定的でなく，環境条件次第で変わり得ます。たとえば，状況を理解する
視覚的手がかり（身振りや絵・写真）や簡潔な言語表現（指示語を避け選択肢
を示す）などがあれば，行動しやすくなります（図3-2）。個々に必要な支援

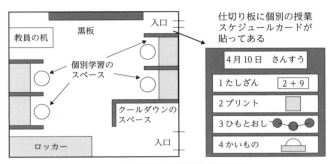

図 3-2　生活習慣の図示がある机回り

の内容と程度を適切に判断し，環境設定の工夫によって，自立行動を促すことが大切です。

(2) 知的障害特別支援学校の教育　　小学部，中学部，高等部があり，高等部には普通科の他に一般就労を見据えた職業学科（流通・サービス，福祉等）があります。他の障害の学校と比べて教育課程に特徴があり，子どもの障害の状態等に即した指導を進めるために「教科別の指導」と「**各教科等を合わせた指導**」を組み合わせて編成されます。教科別の指導は生活と関連づけながら各教科の基礎的な内容を学習し，各教科等を合わせた指導は知的障害に特徴的な指導形態で，各教科・領域の内容を総合し，体験を通して生活に必要な力を身につける4種類があります（第2章表2-3）。

・日常生活の指導：食事，排泄，着替え等の身辺処理や挨拶，言葉遣い，ルール・マナーの習得など集団生活をするうえで必要な内容を学習します。

・遊びの指導：主に小学部で時間と場を設け，遊びを学習活動の中心に据え，身体活動を活発にし，遊びの楽しさを通して仲間や物に関わる意欲を育てます。

・生活単元学習：個々の興味・関心や得意な内容で構成し，主体性を引き出します。七夕・節分等の季節単元，運動会や文化祭等の行事単元などがあります。

・作業学習：中学部・高等部で，木工，農園芸，食品加工，清掃，事務など多種類があり，共同での取り組みや対人スキルの習得などを目指します。高等部では販売や産業現場等での実習など将来の職業生活に向けた広範囲な内容を扱います。

　また，自立活動では，生活全般の身体の動かし方や，場や相手に応じたコ

ミュニケーションのとり方など，個に応じた課題を教育活動全体で指導します。

[6] 病弱・身体虚弱

(1) 病弱・身体虚弱の特性　　病弱とは，慢性疾患等のために継続して医療や生活規制を必要とする状態です。身体虚弱とは，病気にかかりやすいため継続して生活規制を必要とする状態です。ただし，どちらも教育上の定義です。疾患の種類は，気管支喘息，悪性生物（小児がん）などがあり，近年は，重篤な疾患や重度重複障害，精神疾患や心身症などのいわゆる心の病気が増え，非常に多様化しています。

　病弱児は治療で日常生活や学習に様々な規制が長く続くため，大きなストレスがかかります。断続的な欠席による**学習空白**，病気への不安，家族や友達と離れた孤立感などが重なって，心理的に不安定な状態に陥りがちです。また，入院が長期化して日常の生活から隔てられると，発達に必要な遊びや社会体験が得られず，環境への適応力や社会性の発達に影響して，積極性や自主性が乏しくなる傾向にあります。病弱教育はこうした傾向を防ぎ，療養生活環境の質（QOL）を向上させ，生活にリズムと張りを与え，心理的安定をもたらす効果があり，心身の発達に好影響を与えると言われています（文部科学省，2013）。

(2) 病弱特別支援学校の教育の特色　　小学部，中学部，高等部があります。病院に併設または隣接した特別支援学校や分校や病院内に設置された院内学級で学びますが，病状等により通学が困難な場合は教師が出向く**訪問教育（ベッドサイド学習）**もあります。治療による学習空白などで学習進度に差がみられ，個々の状態が様々なため，教育課程は①小・中学校に準ずる課程，②下学年の内容で学習する課程，③知的障害教育代替の課程，④自立活動を主とする教育課程，の 4 種類で編成されています。

　病弱児は学習時間，運動，実習・実技などで制限がかかるため，学習内容や教材等も個別に精選し，健康状態に応じて柔軟に調整しながら指導します。直接的な体験不足を補う工夫もしています。主な教育内容は，①学習空白から生じる遅れの補完，②ICT を活用した体験活動および交流活動の確保，③病気の状態の理解と自己管理能力の育成などが挙げられます。指導は自立活動の内容と関連づけ，医療関係者と密に連携して行います。

コラム4　様々な障害を有する方々の生きざまエピソード

　このコラムで紹介する方々は，障害を克服し，豊かな人生を送るため，日々努力をし続けている方たちです。その生きざまから，生きることのすばらしさと尊厳に触れましょう。

　酒井響希くんは，1歳半のとき両眼性網膜芽細胞腫という目のがんが発覚し，両眼の摘出手術を受け，2歳で全盲となりました。おもちゃで遊ぶことすらできず，床などを叩いて音を楽しんでいる様子をご両親が見て，4歳からドラムを習わせました。小学1年生の時，音楽ユニットの Def Tech のライブに行き「4年後，ドラマーとして共演しよう」と言われたことをきっかけに，共演できる日を夢見て練習に励みました。後にかれらとのライブを実現したときに，彼は言いました。「またいつか，大きな舞台に立つことを夢見て頑張ります。僕を育ててくれてありがとう。僕は僕に生まれてきて良かったです」。響希くんは，現在も世界に勇気と希望を届けられるドラマーになるという，大きな目標をもって毎日練習に励んでいます。

　ヘザー・ホワイトストーンさんは，1歳の時に耳が聞こえなくなりました。1995年，彼女は障害を有する人として史上初の第70代のミス・アメリカを獲得しました。ミス・アメリカには，その容姿だけではなく，社会貢献，明確な主張，審査員や聴衆を巻きこむカリスマ的魅力が求められるため，厳しい訓練と周到な準備が必要です。彼女は，5%程度の片耳の残存聴力と唇の動きを読み取り，審査員の質問を正確に聞き取りました。大きな舞台を堂々と歩き，曲に合わせてバレエを華麗に踊る姿に，聴覚に障害があるとは誰も気づきませんでした。彼女は大学で研究を重ね，聴覚障害者のもつ問題の認識を広めるため世界中で講演活動を行っています。

　金澤翔子さんは，新生児期に敗血症にかかり，後にダウン症と診断されました。書家である母に師事し，5歳で書道を始めました。厳しい教えの下，その才能は開花し，皆さんも一度は目にしたことのある，NHK 大河ドラマ「平清盛」のタイトルを揮毫するに至るまでの書家となりました。伊勢神宮や東大寺などの名だたる社寺にて奉納揮毫や個展を開催する一方，数多くのメディアにも登場して活躍しています。

　落語家の柳家花緑さんは，自身が発達障害・識字障害であると公表しました。小学生の頃は発達障害という言葉はなく，単に字が読めない，書けない，計算ができないと思っており，国語・算数の成績は1や2ばかりでした。絵を描くのは大好きだったので，字を絵と思い，絵を写すように字を覚えたそうです。人生を豊かに生きるコツは，好きなことを見つけ一生懸命になることだと話しています。彼は，22歳で最年少の真打昇進を果たし，落語の新しい未来を切り拓く存在として注目されています。

　京谷和幸さんは，サッカーの強豪校で全国高等学校選手権に3年連続出場を成し遂げ，卒業後にはジェフ市原と契約し，プロサッカー選手になるという夢を叶えました。しかし，その活躍が期待されていた矢先に交通事故で脊椎損傷，車いす生活となりました。失意のなか出会った車椅子バスケットボールで新たな可能性を見出し，シドニー，アテネ，北京，ロンドンと4大会連続でパラリンピック日本代表として出場しました。引退後は指導者として，健常者・障害者の枠にとらわれず，スポーツの世界に貢献しています。

（篠﨑友誉）

2．特別支援学級

　特別支援学級は，小中学校に併設された学級で，小中学校に在籍する障害のある児童生徒が障害の状態に応じ学ぶ場です。少人数編成で（標準は1学級8名），学習指導要領で定められた教科指導を行いつつ，自立活動を取り入れて，学習上及び生活上の困難を主体的に改善・克服するための指導を行っています。一人一人に個別の教育支援計画と個別の指導計画を策定します。指導は，小・中学校の教員免許状をもつ教員が担当できます（通級指導も同様）。校内の通常学級の児童生徒との交流及び共同学習を積極的に行い，相互理解を深めています。障害別に，知的障害，肢体不自由，病弱・身体虚弱，視覚障害，難聴学級，言語障害，自閉症・情緒障害の学級があります。そのうち，知的障害と自閉症・情緒障害の学級在籍者が95％（48％と46.9％；文部科学省，2018a）と大半のため，ここでは両学級の具体的な指導を説明します。

[1] 知的障害特別支援学級

　(1) 対象　　知的程度が軽度や中度の児童生徒です。抽象的な事柄を理解したり，コミュニケーションを通して人間関係を築いたりすることが苦手で，発達全般に遅れが見られます。また，重複する障害（言語障害，情緒障害，自閉症など）があれば，その支援や配慮も必要です。

　(2) 指導内容などの弾力的な運用　　児童生徒の実態に応じて各教科の目標・内容を下学年の目標・内容に変更できます。総授業時数は通常の学級と同じですが，各教科・領域等の授業時数は，弾力的な取り扱いができます。以下のように，特別支援学校における各教科の目標・内容に変更できます。

　各教科等の指導：日常生活で活用することができる学習が中心になります。たとえば，算数では買い物場面を想定して，値札の読み方，お金の数え方，代金やお釣りの計算の仕方などを指導します。一人一人の学習の到達段階や学習上及び生活上の困難を踏まえ，興味・関心や身近な事柄に関連づけて，具体的実際的に指導します。スモールステップで系統的・段階的に指導します。

　各教科等を合わせた指導：「日常生活の指導」では，挨拶，生活リズム，着替えや片付けなど基本的生活習慣，学校のきまりや友達とのかかわりなどの社

会性を指導します。「生活単元学習」では，生活上の課題について，児童生徒自身が主体的で協働的な活動を通して解決できるように計画します。たとえば「お店屋さんをひらいて友達を招待しよう」「野菜を育ててレストランを開こう」など，児童生徒が意欲的に取り組むことができる活動を通して，目的のための話し合い，友達との協力，役割の遂行などを指導します。「遊びの指導」では，遊びやゲームなどの活動を通して，手順やルール，場に応じた会話，準備や片付けなどを指導します。「作業学習」では，将来の職業生活に役立つ内容を取り上げて，作業手順や道具の取り扱い，作業環境の整え方などを指導します。

　(3) 自立活動　　学習上及び生活上の困難を主体的に改善・克服するための意欲，態度，知識・技能などを指導します。たとえば，感情をコントロールする方法を身につける，友達や教師とのコミュニケーション能力を高める，手指や身体の動きの改善を図る，などの指導があります。自らの課題に気付かせ，教師と一緒に改善方法を考えて主体的な取り組みを促します。

［2］ 自閉症・情緒障害特別支援学級

　(1) 対象　　自閉症は「自閉症又はそれに類するもので，他人との意思疎通及び対人関係の形成が困難である程度のもの」と，情緒障害は「主として心理的な要因による選択性緘黙等があるもので，社会生活への適応が困難である程度のもの」と定められています。なお，**選択性緘黙**とは，場面緘黙とも呼ばれ，家庭などでは話すことができるのに，社会不安のせいで特定の場面や状況では話すことができなくなる障害のことです。

　(2) 各教科等の内容　　基本的には通常学級の教育課程に準ずる各教科等の内容を学習することになっていますが，軽度の知的障害がある場合は当該学年の下の学年の教科の目標や内容で基礎・基本の定着を図ります。さらに，自立活動の時間とすべての教育活動のなかで，集団への適応力を高める指導を行います。

　(3) 自立活動　　小集団指導でSST（ソーシャルスキルトレーニング）を取り入れ，対人関係のスキルや集団に参加する方法を指導します。また，図や絵などの視覚教材やICTなどを活用して，自分の強みを生かした読み書きの

習得方法を指導します。さらに，自立活動の時間に学習した方法を，教育活動全体のなかで活用できるように様々な場面に応じた指導も行います。

（4）環境整備　　視覚，聴覚，触覚等の感覚に過敏性が見られる場合は，刺激物を減らしたり，不安感が強い場合は，リラックスできるスペースを設定したりするなど物的な環境整備が大切です。また，教師や友達との信頼関係や安心感の中で学校生活が送れるよう，人的環境にも十分な配慮が必要です。

［3］交流及び共同学習による通常学級との連携

　小中学校に併設されていることから，学校内の通常学級との交流を行います。障害のある子どもにとっても，障害のない子どもにとっても，経験を深め，社会性を養い，お互いを尊重し合う大切さを学ぶ心を育てていきます。交流及び共同学習には，相互の触れ合いを通じて豊かな人間性を育む交流学習と，教科のねらいの達成を目的とする共同学習の2つの形態があります。交流は，経験を広げ社会性を高めるために運動会や遠足などの行事交流，日常的には給食交流が行われています。共同学習では，障害特性に十分に配慮しながら，集団での学び方を身につけ，友達と学ぶ楽しさを味わう場として位置づけていきます。

3．通級による指導

［1］通級による指導とは

　通級による指導とは，小中学校の通常学級に在籍する障害程度が比較的軽い児童生徒に対して，ほとんどの授業は通常学級で学びながら，一定時間だけ障害に応じた特別な指導を特別な場で行う指導のことです。1993（平成5）年に制度化された当初，対象は自閉症と場面緘黙だけでしたが，2007（平成19）年の特別支援教育制度の開始により，LDやADHD，高機能自閉症も対象に含まれました。さらに，2018（平成30）年より，高校においても通級による指導が開始されました。この広がりを踏まえ，『初めて通級による指導を担当する教師のためのガイド』（文部科学省，2020b）も刊行されています。

（1）対象　　言語障害者，自閉症者，情緒障害者，弱視者，難聴者，学習障害者，注意欠陥多動性障害者等で，言語障害と発達障害が大半です。なお，知

的障害児は特別支援学級の対象であり，通級による指導の対象ではありません。

(2) 指導時間と形態　　週に1～8時間の範囲で，年間35～280時間までを標準としています。実施形態は，第2章で述べたように，自校通級と他校通級と巡回指導に大別されます。指導形態は個別指導と集団指導があります。

(3) 指導内容　　自立活動が主で，特別支援学校の学習指導要領に示されている自立活動を参考にします。通級指導での学習成果が在籍する通常学級で活用できるようになることが重要なので，学級担任と通級指導担当教師が情報共有し，緊密に連携をして進めます。

［2］通級指導に至る流れ

通級による指導は，各校における校内委員会と密接に連携して行われます。児童生徒にとって継続性や一貫性のある指導が非常に大切なので，学校として組織的，計画的に進めるように校内体制を整えて取り組みます（第6章参照）。

［3］指導の実際：個別の教育支援計画と指導計画の作成・活用

指導は PDCA（Plan-Do-Check-Action）サイクル，すなわち，計画と実態把握→実施→評価→修正・再設定，を繰り返して進めます。ここでは，個別の教育支援計画と指導計画を作成・活用しながらどのように指導を進めるかについて，通級指導が決定した小学校2年生のAさんの事例をもとに，通常学級担任B先生と通級担当B先生による指導の実際を具体的に説明します。

まず，B先生はAさんの個別の教育支援計画を作成しました。その際，Aさんの願い，障害による困難な状況，支援の内容，生育歴，相談歴などについて，関係者から情報を得ました。一方，C先生は個別の指導計画を作成しました。Aさんの実態を的確に把握したうえで，指導目標，指導内容及び指導方法が明

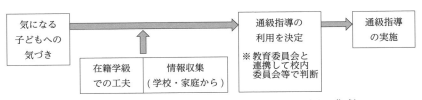

図 3-3　気付きから指導開始まで（文部科学省，2020b をもとに作成）

確になるように作りました。

(1) 実態把握　　C先生は，Aさんの障害だけではなく発達全体を見るようにし，B先生からの情報も参考に，次のように実態把握しました。「Aさんは言葉や表情による意思疎通の苦手さがあるために，友達とのコミュニケーションや関わりが適切にできずに困っている。身近な言葉でも知らないものが多く，表情から気持ちを理解することが苦手である。友達と仲良くなりたいという願いがあり，図表やイラストなどの視覚的な情報があると理解しやすいと言っている」。

(2) 指導目標　　C先生は，Aさんが一番困っていることに関わる課題を整理し，Aさんの願いも取り入れて，スモールステップで学習への意欲や自信につながる目標を設定しました。

(3) 指導内容・方法　　Aさんの苦手の原因を的確に把握し，強みや好きなことを活かして改善できる指導方法を検討しました。また，Aさん自身が自分の強みに気づき，いろいろな場面で活用していけるようになることを目指しました。こうして設定した目標や指導内容等は個別の指導計画に記載しました（表3-1）。

(4) 授業の様子　　Aさんは視覚的な理解が強みですが，その場の人間関係や起きていることの意味を把握するなどの状況理解が苦手です。そこでC先生はAさんが在籍学級で経験したことをもとに，場面の様子の絵をホワイトボードに描き，Aさんとの会話を通して状況理解を深めていきました。また，起きていることの順序や会話の内容を整理して箇条書きにしたり，要点を言葉にして示したりする支援も行いました。次に，自分や相手の気持ちに合う言葉や表情イラストを選択肢から選ぶ活動を取り入れました。Aさんは，視覚的なツールの活用によって場の様子がわかるようになり，数回の指導の後，C先生からの質問に対しても意欲的に話す姿が見られるようになりました。

(5) 通常学級との連携　　C先生は，Aさんの取り組みの様子やコミュニケーション意欲の向上などについて，B先生に連絡ノートで報告しました。B先生は，Aさんにとって視覚化が有効な手立てであることを理解したので，ペアやグループ学習などにおいてホワイトボードを活用した話し合いを授業に取り入れました。以前に比べて，Aさんが話し合いの場面に積極的に参加するよ

表 3-1　**個別指導計画の記載例**（文部科学省，2020,b をもとに作成）

氏名　A	生年月日　○○○○年　○月○日 記載時　○年○月○日（記載者○ ○○○）	指導形態　週2日：2時間：集団・個別 指導領域　聞く／話す／読む／書く／計算 ／推論／行動／社会性		
長　期　目　標		設定日	評価日	評　価
(1)　生活でよく使う身近な言葉の意 　　味を理解し，使うことができる。		5/8	3/9	
(2)　気持ちを表す言葉の意味やその 　　際の表情について，理解する。		5/8	3/9	

1学期（5/8〜7/10）の短期目標と手だて		評　価
(1)	（目標）学校や家庭であった出来事について，「いつ，どこで，誰が，何をした。どんな気持ちだった。」を教師の問い掛けに答えながら，話したり書いたりする。	教師の問い掛けに応じて出来事や気持ちを話すことができた。
	（手だて）子供の話を聞きながら，教師がホワイトボードに，状況がわかるような絵や要点を表す言葉を書き，話を整理したり，視覚的に確認できるようにしたりする。	話の内容を視覚化したことは有効だった。
(2)	（目標）気持ちや表情に合った言葉や表情カードを，選択肢から選ぶ。	「嬉しい」や「楽しい」，などのよく使う言葉の意味や表情は理解できた。
	（手だて）子供の絵を見ながら，教師が詳しい話を聞き出し，要点を言葉にして示すようにする。	吹き出しを取り入れて，実際の会話を視覚化した上で，気持ちと結び付けるようにする。

うになりました。また，ホワイトボードを使用した話し合いは，他の児童からも「話しやすい，まとめやすい」と好評でした。B先生とC先生は，Aさんの支援について相談することはもちろんですが，Aさんが在籍する学級経営や授業計画についても相談し，学級の安定や学力向上についても協働的に支援しています。Aさんにとって学びやすい環境づくりは他の児童にとっても安心感のある，わかりやすい環境になるでしょう（通常学級との協働的支援はコラム5）。

(6) 評価と次の目標設定　　C先生は1学期末に「教師からの5W1Hの質問に意欲的に答えることができた」と評価し，個別指導計画に記入しました。それを踏まえて，2学期の目標「経験した出来事について自分で5W1Hの観点を入れて話したり書いたりできる」と変更し再設定しました。また，気持ち

を表す言葉をさらに増やしていけるよう，目標を継続することにしました。このように，PDCA サイクルで指導を続けていくのです。

（山口真佐子・三浦昭広［第1節］・菅原眞弓［第2，3節］）

◆━━━━━━━━【内容をまとめよう】━━━━━━━━◆

・視覚障害は視覚を活用する学習の可否で，盲と（　　　　）に分けられます。
・聴覚障害のコミュニケーション支援は，視覚と聴覚を活用し音声言語の理解と表出を目指す（　　　　）や，あらゆる手段を活用する（　　　　）があります。
・知的障害とは，（　　　　）の遅れと（　　　　）が困難な状態のことです。障害特性に応じた教育課程が特色で，（　　　　）指導が認められています。
・肢体不自由は障害の状態が様々なため，教育課程が（　　　　）種類あります。
・病弱児は，治療で断続的に欠席する（　　　　）に対応することが重要です。
・小中学校に併設された特別支援学級は（　　　　）障害と（　　　　）障害の子が大半で，通常学級との（　　　　）も盛んです。また，通級指導では（　　　　）障害は含まれず，（　　　　）障害と（　　　　）障害の子が大半で，（　　　　）を中心に指導を受けます。いずれも，学校が家庭と連携して作成する（　　　　）と，各学期に具体的に作成する（　　　　）をもとに，（　　　　）サイクルで指導します。

◆━━━━━━━━【調べよう・考えよう】━━━━━━━━◆

・皆さんの地域の特別支援学校では，どのような障害の子が学び，どのような自立活動が行われているか，調べてまとめましょう。
・円滑なコミュニケーション支援には，AAC や支援技術などいろいろあります。どのような種類と特徴があるか，調べてまとめましょう。
・地元の都道府県の教育委員会サイトにアクセスして，個別の教育支援計画と個別の指導計画の書式を検索しましょう。そして，具体的な事例の記入例を調べて，気づいた点をまとめましょう。

コラム5　通常の学級担任と通級担当による協働的な学びの支援

　通級による指導は通級教室という特別な学びの場だけでは完結しません。なぜなら，指導の最も大事な目的は，通級で学んだ内容や習得したスキルが在籍する通常学級で活用でき，集団における適応力を高めることだからです。そのためには，通常学級担任教員と通級指導担当教員が協働して，通常学級の学級経営や授業づくりをしていくことが不可欠です。多面的・多角的な観点から細かい情報交換を行い，役割分担を明確にしたうえで，次のような視点を取り入れて支援していきます。

　学級経営：誰もが学びやすく過ごしやすい環境をつくっていくことが重要です。物理的環境としては，安全で清潔，整理・整頓されて不要な刺激の少ない教室をつくります。人的環境としては，温かい人間関係が構築され，一人一人に居場所のある集団をつくります。また，集団のルールを明確に示し，事故やトラブルを未然に防いでいくための危機管理が大切です。

　授業計画：授業づくりのポイントは以下の3つです。①学級担任による各教科の指導の工夫，②話すこと・聞くことや読み書き，記憶力や集中力など学習スキルへの配慮，③通級指導における個々の特性に応じた自立活動です。これらの3つを計画的に組み合わせて，全員が参加し，理解しやすい授業を目指します。また，支援ツールを自由に利用できるように配慮しておくと，誰もが安心して学ぶことができる授業になります。

　では，その児童・生徒が在籍する通常学級担任と通級教員の協働的な授業づくりの例を紹介します。

事例①　注意の集中や手順を考えることが苦手な，小学校4年生のKさん：　学級担任も以前から，Kさんがわり算の筆算を手順どおりに進めることが苦手であると感じていました。そこで，通級教員は，わり算の筆算の手順カードを机上に置いたらどうかとKさんに提案しました。すると，Kさんは手元にある手順カードを集中して見るようになり，手順を一つ一つ確認しながら筆算に取り組むようになりました。その後，Kさんは様々な支援ツールを自分で作成したり，学級担任に支援ツールの作成を依頼したりするようになりました。これをきっかけに，学級担任は他の児童も利用できるように手順表を多めに作成し，希望者は自由に使えるように配慮するようになりました。

事例②　板書をノートに書き移すことが苦手な，中学校2年生のMさん：　目で見たことを覚えておくことが難しいMさんに，通級指導を行う過程で，タブレット端末で板書を撮影し，それを手元に置いてノートに転記することが効果的だとわかりました。Mさん自身も手元に見本があると転記しやすいことに気づきました。そこで，学校では，Mさんと保護者の要望を踏まえて校内委員会を開催した結果，校内での様々な場面で機器の使用が許可されました。在籍学級にはMさんの他にも書くことが苦手な生徒がいるため，これをきっかけに，各教科担当教員は授業の進め方について相談し合い，プリント教材を配布したり板書自体を少なくしたりと，生徒が理解しやすい授業の進め方を工夫するようになりました。

（菅原眞弓）

第4章
通常学級でも出会う
発達障害とその支援

通常学級における特別な教育的ニーズとして代表的なのが発達障害です。発達障害とは何か，そして，どのようなニーズがあっていかに支援したらよいかについて考えていきましょう。

1．発達障害とは

　通常学級における特別支援教育では発達障害への支援が大事な課題です。文部科学省の調査によると，発達障害に見られる困難を示す子どもたちが，通常学級に6.5％在籍していることが明らかになっています。通常学級の教師も発達障害とその支援について理解することが不可欠なのです。

　発達障害とは，発達障害者支援法（2004）において「自閉症，アスペルガー症候群その他の広汎性発達障害，学習障害，注意欠陥多動性障害その他これに類する脳機能の障害であってその症状が通常低年齢において発現するもの」と規定されています。これは，特定の疾患や障害を指す言葉ではなく，発達期に起こる**脳の機能不全**により，学習面や生活面やコミュニケーションで様々な困難を示す障害の総称です。この法令では医学的診断基準 DSM-IV が参考にされましたが，DSM-5（2013）へと改訂されたのに伴い，現在は医学と教育・福祉の分野の間で定義や用語がやや異なる点があるため，本章はそれらを踏まえながら説明することにします。

　発達障害は，第3章で取り上げた障害に比べて，障害があるとは気付かれにくいのです。また，本人が抱える困難さの原因は脳の中枢神経の機能不全なのですが，本人の努力不足や親の育て方の問題のせいなどと誤解されることもあ

ります。さらに，別の障害を併発する場合もあります。そのため，正しく理解して適切な支援につなげる必要があります。主に通常学級や通級による指導が対象となりますが，特別支援学級や特別支援学校に在籍するケースもあります。多様な学びの場において，一人一人の特性を理解し，個々の困難さに寄り添う視点が重要です。

2．学習障害（LD）

[1] LD とは

　学習障害（Learning Disabilities; 以下 LD）には，教育領域と医学領域の定義があり，若干の違いがあります。まずは，教育領域の定義から見てみましょう。1999 年に文部省（当時）が示した「学習障害児に対する指導について（報告）」において，以下のとおりに定義されています。

> 　学習障害とは，基本的には全般的な知的発達に遅れはないが，聞く，話す，読む，書く，計算する又は推論する能力のうち特定のものの習得と使用に著しい困難を示す様々な状態を指すものである。学習障害は，その原因として，中枢神経系に何らかの機能障害があると推定されるが，視覚障害，聴覚障害，知的障害，情緒障害などの障害や，環境的な要因が直接の原因となるものではない。

　すなわち，全体的に見て知的な遅れがないにもかかわらず，特定の学習領域だけに強い困難がある状態であり，他の障害による学習困難や，いわゆる学業不振とは区別されます。「他のことはできるのに，文章がうまく読めない・文字を書き間違える」「文章理解は得意なのに計算が苦手」などです。脳の機能不全が原因であって，本人の努力不足や親のしつけの問題ではありません。

　次に，医学領域の LD を見ましょう。教育領域では学習に困難がある状態像（Learning Disabilities）と捉えるのに対して，医学領域では疾患単位（Learning Disorders）としています。また，医学領域では教育領域よりも狭い範囲が対象です。診断基準（DSM-5 と ICD-11）を見てみると，「読字」「書字表出」「算数」の 3 つの学習領域の困難が LD の主な症状とされています。これらは順に，教育的定義の「読む」「書く」「計算する，推論する」能力に対

応しますが，「聞く」「話す」に関する困難は別の疾患として扱われています。

[2] 心理・行動的特徴

(1) LDの困難　　LDのある児童生徒（以下，LD児）にどのような困難があらわれるのかを見ていきましょう。本節では，LDの困難のうち「読字」「書字表出」「算数」に絞り，それぞれ「読字障害」「書字障害」「算数障害」と呼ぶことにします。

　読字障害は文字どおり，文字を読むことに困難が生じます。ただし，文字をまったく読めないわけではなく，読むのにとても時間がかかり，読み誤りも多い状態です。読字障害の基本的な困難は，文字の並びをまとまりとして認識することの困難と，文字を音に変換すること（**デコーディング**）の困難であり，読字の流暢性と正確性が問題となります。具体的には，たとえば文章を読むときに，一字一字拾って読んだり，間違った区切りで読んだりして，たどたどしい読みになってしまう，あるいは仮名や漢字の読み方がわからない，間違った読みをしてしまう，といった様子が見られます。そうすると，頑張って文章を読んでも内容を理解できない，という結果にもなってしまいます。

　読字障害は多くの場合，**書字障害**が伴います。そのため，読字障害と書字障害はあわせて「（発達性）読み書き障害」や「（発達性）**ディスレクシア**」とも呼ばれます。書字障害では文字レベル（例：文字を正しく綴れない）や，文章レベルのつまずき（例：文法や句読点の不適切さ，文構成の悪さ）が見られます。困難は多様で，綴りの失敗をとっても，文字をまったく思い出せないこともあれば，読みに一致しない別の文字を書く，それらしいものは書けているが文字の構成要素の形や位置が間違っていることなども見られます。読字・書字障害に関わる困難については，スクリーニングに用いられる臨床症状チェックリスト（北ら，2010；表4-1）の内容が参考になるでしょう。

　最後に，**算数障害**も様々な困難が見られますが，その内容は数処理，数概念，計算，数的推論に整理されます（熊谷，2019）。算数障害というと，まず計算の困難が思い浮かぶでしょう。学年が上がっても「5は3と2でできている」というような数的事実を使わずに指折り数えて計算していたり，筆算の手続きをなかなか習得できなかったり，といった困難です。また，数詞（例：いち）

表 4-1　読字・書字障害の臨床症状チェックリスト（北ら，2010）

①心理的負担
- □　字を読むことを嫌がる
- □　長い文章を読むと疲れる

②読むスピード
- □　文章の音読に時間がかかる
- □　早く読めるが，理解していない

③読む様子
- □　逐次読みをする
- □　単語または文節の途中に区切ってしまうことが多い
- □　文末を正確に読めない
- □　指で押さえながら読むと，少し読みやすくなる
- □　見慣れた漢字は読めても，抽象的な単語の漢字は読めない

④仮名の誤り
- □　促音，撥音や拗音などの特殊音節の誤りが多い
- □　「は」を「わ」と読めずに「は」と読む
- □　「め」と「ぬ」，「わ」と「ね」のように，形態的に似ている仮名文字の誤りが多い

⑤漢字の誤り
- □　読み方が複数ある漢字を誤りやすい
- □　意味的な錯読がある
- □　形態的に類似した漢字の読み誤りが多い

①心理的負担
- □　字を書くことを嫌がる
- □　文章を書くことを嫌がる

②書くスピード
- □　字を書くのに時間がかかる
- □　早く書けるが，雑である

③書く様子
- □　書き順をよく間違える，書き順を気にしない
- □　漢字を使いたがらず，仮名で書くことが多い
- □　句読点を書かない
- □　マス目や行に納められない
- □　筆圧が強すぎる（弱すぎる）

④仮名の誤り
- □　促音，撥音や拗音などの特殊音節の誤りが多い
- □　「わ」と「は」，「お」と「を」のように，耳で聞くと同じ音（オン）の表記に誤りが多い
- □　「め」と「ぬ」，「わ」と「ね」のように，形態的に似ている仮名文字の誤りが多い

⑤漢字の誤り
- □　画数の多い漢字の誤りが多い
- □　意味的な錯書がある
- □　形態的に類似した漢字の書き誤りが多い

と数字（例：1）と具体物（「いち」「1」が表す量）の対応関係（数処理）の習得や，基数性や序数性（数概念）の理解が不十分な場合もあります。さらに，言葉から数的なイメージをつくり，答えに向かって考えること（数的推論）にも困難があり，文章題でつまずくことも少なくありません。

(2) LD の背景　　LD の困難をもたらす原因は様々あると考えられています。読字障害の代表的な原因として知られているのは，音韻意識の障害です。**音韻意識**とは，言葉の音韻的な構造や単位を捉え，操作する能力のことです。たとえば，「さかな」と聞いて，それが 3 つの音からできており，真ん中の音

は“か”で，逆から言うと“なかさ”である，とわかるのは音韻意識が備わっ
ているためです。音のイメージに関わる音韻意識は文字に音を対応づけて学ぶ
土台となる力であるため，その弱さは，文字と音の対応関係に基づく読字の困
難につながります。

　他の認知機能の弱さが原因で，学習が妨げられている場合もあります。たと
えば，視空間認知や視覚記憶の弱さによる書字障害や，**ワーキングメモリ**や**実
行機能**の弱さによって算数障害が引き起こされる可能性が報告されています
（コラム8も参照）。

［3］配慮・支援の原則

　LD 児の支援は，本人に合った学習方法を見つけることが基本です。学習上
の問題は努力不足によるものではないため，単なる繰り返しの学習は効果的で
ないどころか苦痛を伴い，学習の拒否につながります。

　適切な支援のためには，**実態把握**が大切です。先述のチェックリスト（表
4-1）などを参照しながら，どのようなつまずきがあるのかを観察し把握する
と良いでしょう。さらに，そのつまずきの程度や原因を把握するには，**アセス
メント**が有効です（コラム9も参照）。

　実態が把握できたら，次は具体的な支援です。たとえば，仮名の読みがたど
たどしい場合はデコーディングの指導が必要です。仮名が書かれたカードで音
読練習を行うことで，読み誤りが減り，比較的楽に読めるようになることが期
待できます。漢字の読み書きに関しては，視覚教材の使用で，音だけでなく視
覚的なイメージや知識を利用して読み方を学ぶ方法や（図4-1 左），視空間認

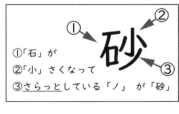

図4-1　漢字の読み書き支援例

知・記憶が弱い場合には，文字の成り立ちを言葉で表して書き方を覚える方法（聴覚法；図 4-1 右）が有効です。算数障害についても，筆算の指導なら，その計算手続きをマニュアルのように言葉で表し，視覚的な補助も用いて指導する方法が一例として挙げられます。困難やその原因は個々に異なるため，それぞれの実態に応じた支援が大切であり，本人の得意な能力を活用して苦手を補う支援も役立ちます。

　また，学習の機会を保障することも必要です。文字の読み書きができないと，授業に参加することが難しくなり，その結果として読み書き以外の学習不振や不登校などの二次障害につながる恐れがあります。この問題に関する配慮としてよく行われるのが，文章のルビ振りや代読です。これらは有効である一方，教員への負担が問題となります。その点で，ICT の活用は有用です。**DAISY 教材**やデジタル教科書等を自分で活用し，音声読み上げをすることで，読字障害があっても文章の内容理解が容易となります。書字障害ではパソコンによる筆記で困難を減らすことができますし，算数障害でもタブレットで写真を撮ったり，アプリを活用したりすることで学びやすさが変わってくるでしょう。

　以上は個別の支援でしたが，クラス全体に向けた支援も重要です。これに関して注目されるのが RTI（Response to Intervention/Instruction）モデルに基づく指導です。RTI とは，クラス全体を対象として指導とアセスメントを行い，ニーズに応じて介入の程度を変えていく指導モデルです。そのモデルに基づいた指導パッケージの 1 つとして，**多層指導モデル**（MIM; 海津，2010）が開発されています（第 7 章，図 7-1 参照）。クラス全体に向けた支援は LD の早期発見・早期支援だけでなく，「どうしてあの子だけ特別なの？」「なぜ自分だけみんなと違うの？」といった「特別扱い」の問題も解決できますので，忘れてはいけない視点です。

3．注意欠如・多動性障害（ADHD）

［1］ADHD とは
　注意欠如・多動症／注意欠如・多動性障害（Attention-Deficit/Hyper-activity Disorder: ADHD）とは，不注意，多動性，衝動性の 3 つを主症状と

表 4-2　DSM-5 における ADHD の診断基準（DSM-5; APA, 2013／邦訳，2014 より一部引用）

不注意症状	多動性・衝動性症状
(a) 学業や仕事でのケアレスミス	(a) そわそわしたり，もじもじしたりする
(b) 課題に対する注意の持続	(b) 離席をしてしまう
(c) 話を聞いていないことがある	(c) 走り回ったり，高いところへ登ったりする
(d) 指示を聞き逃しや課題をやり遂げることができない	(d) 静かに活動することが難しい
(e) 課題や活動で順序立てることが困難	(e) じっとしていることが難しい
(f) 課題等に取り組むのを避けたり嫌がる	(f) しゃべり過ぎてしまう
(g) 課題や活動に必要なものを無くしてしまう	(g) 質問が終わる前に答えてしまう
(h) すぐに気が散ってしまう	(h) 順番を守ることが難しい
(i) 約束などを忘れてしまう	(i) 他人を妨害し，邪魔をする

する障害です。不注意とは気が散りやすく注意集中の持続に困難がある状態，多動性とは文字どおり，動きが過剰に多い状態，衝動性とは状況を考慮せずに即座に行動することが抑えにくい状態です。

　この障害にも教育上と医学上の定義があります。まず，教育上では文部科学省（2003）が以下のように定義しています。

> 　ADHD とは，年齢あるいは発達に不釣り合いな注意力，及び／又は衝動性，多動性を特徴とする行動の障害で，社会的な活動や学業の機能に支障をきたすものである。また，7 歳以前に現れ，その状態が継続し，中枢神経系に何らかの要因による機能不全があると推定される。

　一方，医学的な定義は疾患の診断基準として示されています。DSM-5 への改訂で，「注意欠陥多動性障害」から「注意欠如・多動症」に改称されましたが（欠陥が欠如に，障害が症に変更），旧疾病名の普及により「注意欠如・多動性障害」も併記されています。発症年齢も 7 歳以前から 12 歳になる前に引き上げられました。表 4-2 の症状が 2 つ以上の状況（学校や家庭など）で出現することが診断の条件です。

　ADHD の状態像には 3 つのタイプがあります。不注意が強い「**不注意優勢型**」，多動性・衝動性が強い「**多動性 - 衝動性優勢型**」，両方の特徴を有する「**混合型**」です。不注意優勢型は「注意が続かない」「気になることに集中し過ぎて，すべきことを忘れてしまう」などが見られ，多動性 - 衝動性優勢型は「じっと座っていられない」「順番を待てず，動き出したり発言し出したりす

る」などが見られます。これらのタイプは，以前は下位分類として変わらない
とされていましたが，DSM-5 では「現在の表現型」として変わり得るとされ
ています。

　いずれの定義でも，ADHD の原因は，脳の中枢神経系の機能不全であり，
親の育て方や本人の努力不足によるものではない，とわかるでしょう。

　また，ADHD は様々な障害が併存することがあり，LD や ASD との併存や，
身体的な不器用さを伴うことも多くあります（第 5 節参照）。

［2］心理・行動的特徴

　(1) 認知機能の弱さ　　ADHD は様々な認知機能の弱さを示します。まず，
実行機能の弱さです。実行機能とは，目標に向かって思考や行動を意識的にコ
ントロールする能力です。目標達成の方略やステップを考えるプランニング，
必要な情報を頭に留めたり更新したりするワーキングメモリ，不要な情報に気
をとられないようにする抑制，うまく行動できているか評価するプランニング
などの能力で構成されます（コラム 13 も参照）。その弱さが「注意が続かない，
計画的に物事を進めにくい」などの困難につながります。

　次に，**報酬系**の弱さがあります。報酬系とは出来事に対して快を感じる脳の
システムのことです。報酬の遅れに耐えられないため，後の大きな報酬より目
前の小さな報酬を選びがちです。たとえば，「途中で別のことに気が向いてし
まう」という困難になります。

　また，時間処理も弱い傾向があり，時間配分や段取りの悪さ，計画性の甘さ
などにつながります。さらに，情動制御にも弱さが見られ，感情を理解しにく
く，欲求不満がたまる状況で過剰な反応を示しやすいのです。しかし，それら
すべてに弱さを示すわけではなく，ADHD の困難の現れかたは多様性を示し
ています（池田，2018）。

　(2) 二次的困難　　障害自体の困難に加えて，障害から派生する二次的困難
が起こることも少なくありません。多動性・衝動性は授業の離脱や対人的なト
ラブルなど，社会的に問題とされる行動として表出しやすいことから，叱責を
受ける機会も多くなり，自尊心の低下などの二次的困難が生じる可能性が高く
なります。一方で，不注意は他者とのトラブルにならず，本人のうっかりミス

と見られがちなため，かえって，発見の遅れや支援を受けにくい傾向にあります。その結果，失敗経験を自分の努力不足と捉えて自己評価を低下させてしまうことがあります。このような様々な困難は脳の機能不全であって，叱責や本人の改善の努力だけでは解決しないため，個々の特性や行動の背景を理解したうえで，適切な配慮・支援を行うことが必要です。

［3］配慮・支援の原則

　ADHD の支援では，問題となる行動が起きてから対処するのではなく，その行動が起こる前に支援することが重要です。

　(1) 学習環境の整備　　その特性から，活動中に他のことに注意が向いてしまいがちなため，教室の配置や人とのかかわり方など，周囲の刺激を調整する物的・人的な**環境整備**で支援します。たとえば，「気になる掲示物を除去する」「カーテンで見えないようにする」「座席の位置を調整する」「一斉教示前に個別に注意を促す」などによって，注意が向きやすく課題に取り組みやすくなることが期待できます（表 4-3）。このような環境整備は，障害の有無によらず，どの子にとっても学びやすく集中しやすくなります。

　(2) できる目標で賞賛する声かけを　　勝手に席を離れたり発言し出したりする事態に対しても，トラブルが起きる前の支援が重要です。後で叱っても効

表 4-3　ADHD の困りごとと支援例（大塚，2020 をもとに作成）

	困りごと	支援例
学習面	授業中に指示を聞きもらす	・全体説明の前に，その子に注意を向かせてから伝える ・指示が見てもわかるよう，黒板に書く・カードで示す
	複数の課題があって，優先順位を決められず提出できない	・順位付けのポイントを予め決める（締切や所要時間等） ・本人ができる量を調整し，少しずつ区切って取り組む ・教師に，やる順番を確認したり，進み具合を報告する
	自分の考えを文章にうまくまとめられない	・考えを視覚化する（マインドマップなど） ・例文を読んで，文章の型を学び取る
対人面	すぐにキレやすい	・キレやすい状況や前兆を共に確認して，キレる前にその場を離れるルールを設ける
	係の仕事を多く受けすぎる	・すぐに仕事を受けず，まず周囲に相談するようにする

コラム6 「わたしのトリセツ」で自分を知ろう

　第4章の学習で，皆さんは発達障害をどれくらい身近に感じましたか。何か自分からは遠い話，何か特別なこととして距離があるように感じた方が多かったかもしれません。しかし，身近に困りごとに直面する人がいるかもしれませんし，また実は，私達自身にも多かれ少なかれ，何かしら困りごとがあるでしょう。自分の困りごとに気づけたら，発達障害のある人たちへの理解が少しでも深まるのでは，と思います。ここではその方法の一つを紹介します。

　昨今では，発達障害のある人への理解や周囲の人たちのかかわり方を知るために，様々な情報が発信されています。その一つにNHKのサイトに発達障害プロジェクトがあり，「困りごとのトリセツ（取扱説明書）」が掲載されています。「困りごとのトリセツ」とはユニークなタイトルですが，日常生活で直面する自分の様々な困りごとに気づくことから，自分の特性や困りごとを理解し，それを周囲への理解や関わり方への工夫として具体的に活かすきっかけを作るツールのようです。トリセツ作りをすることによって，困りごとが減ったり，自分の強みを活かして力を発揮しやすくなったりするのだそうです。

　このトリセツは本来「発達障害のある人の困りごと」を整理して周囲の理解につなげるためなのですが，実は，発達障害のない人にとっても日常生活が過ごしやすくなるきっかけとして役立ちそうです。確かに，改めて自分の日常を振り返ってみると，たとえば，すべきことを忘れがちであったり，人混みに行くと疲れがちであったりと，人によって様々な「困りごと」があるかもしれません。自分の「困りごと」に向き合うことで，自分自身を知り，人とのかかわり方を見直す機会にしてみてください。

　トリセツ作りでは，まず，様々な特性に関する項目が自分に当てはまるかチェックします。たとえば，視覚・聴覚が過敏かどうか，整理整頓が苦手か，言葉のニュアンスを読み解くのが苦手か，などです。次に，チェックした特性について，具体的にどんな場面でどのように困るのかを書き出します。さらに，それらの困りごとに対して，自分にできる対策や学校や職場などの周囲の方々に理解を求めるにはどのようなお願いをしたいかを一覧にします。

　こうして，自分の特性，それによる困りごと，その対処法が一覧できることによって，自己理解が深まりますし，一覧を示された相手もどうかかわればよりよいか具体的にわかるでしょう。また，自分の困りごとに気づけたら相手への気遣いもできるようになり，かかわり方の工夫次第で相手のつらさを軽減できるかもしれません。皆さんも是非「わたしのトリセツ」をダウンロードして，取り組んでみてください。

　なお，サイトにはその他にも発達障害への理解に役立つ様々な情報が掲載されていますので，学習を深めるために活用するとよいでしょう。

（柏崎秀子）

果はなく，むしろ信頼関係を壊し自信をなくしてしまうため，事前に本人ができそうな目標を設定しておき，極力，問題行動を起こさせない取り組みが考えられます。たとえば，「授業中は勝手に発言をしない」ではなく，「発言をしたい時は手を挙げよう」という達成可能な望ましい行動の目標設定をするのです。達成できたら，ほめる声かけをします。「○○してはダメ」ではなく「△△しよう」の方が，何をすればよいかがわかりやすいですし，達成して成功体験が積み重なることによって，自信の回復や教員との信頼関係づくりにもつながります。

　(3) 良い所に目を向けて伸ばす視点で　　人は誰しも苦手だけでなく得意な面もありますから，その子のできないことや苦手ばかりに注目するのではなく，得意や好きなことなどの良い所に目を向けて伸ばす視点で接することが大切です。それによって，子どもの自己肯定感が高まり，課題にも意欲的に取り組めるようになります。障害の有無にかかわらず，その子を丸ごと見てかかわることができる教師でありたいものです。

　なお，ADHD の症状には**薬物療法**が用いられることがあり，メチルフェニデート（商品名コンサータ）やアトモキセチン（商品名ストラテラ）などの薬剤が神経伝達物質の働きを改善し症状を抑えます。ただし，一時的に症状を緩和する対症療法ですので，本人が症状を自己の特性として理解し，生活や学習がしやすくなる対処方法を身につけられるように支援することが大切です。

4．自閉症スペクトラム障害（ASD）

［1］ASD とは

　自閉症スペクトラム障害（自閉スペクトラム症 Autism Spectrum Disorder; 以下，**ASD**）は対人コミュニケーションの問題を主な症状とする障害です。医学的には，①社会的コミュニケーションの障害，②限定された反復的な行動様式，の両方の特性が発達期から見られ，支援が必要な状態とされます。たとえば，「場の空気を読んだ会話ができない」「集団活動が苦手」「こだわりが強く，融通が効かない」などの様子が学校でも見られます。

　ASD に関連して，自閉症やアスペルガー症候群，広汎性発達障害といった

図 4-2　広汎性発達障害から自閉症スペクトラム障害へ

言葉が用いられることがあります。文部科学省による教育的定義を参照すると，**自閉症**は以下のとおりになります。

> 　　自閉症とは，①他人との社会的関係の形成の困難さ，②言葉の発達の遅れ，③興味や関心が狭く特定のものにこだわることを特徴とする行動の障害とされる。中枢神経系に何らかの要因による機能不全があると推定される。

　自閉症と同じ特性はあるものの，語彙や文法などの言語発達には遅れがなく，知的発達にも遅れがない状態が**アスペルガー症候群**です。そして，**広汎性発達障害**とは，同じ自閉的な特性をもつ集まりとして，自閉症やアスペルガー症候群などを分類したカテゴリーのことを指します。他にも，特に教育領域では，知的発達の遅れがない自閉症は**高機能自閉症**と呼ばれました。

　この分類に対して，自閉的な特性は連続的なもので，それが強い人から軽い人までいる，との考えから，自閉症やアスペルガー症候群などを 1 つの連続体（**スペクトラム**）として包括する，ASD という捉え方に現在では変わってきています（図 4-2）。診断基準のうえでは，DSM-5 と ICD-11 から ASD が採用されています。なお，教育領域では以前の用語も残っていますが，文部科学省（2013）の教育支援資料にも ASD の記述がありますので，同じく連続体として捉えていると考えてよいでしょう。

［2］心理・行動的特徴

　(1) ASD の困難　　ASD を特徴づける 2 つの特性，①社会的コミュニケーションの障害，②限定された反復的な行動様式から，ASD のある児童生徒（以下，ASD 児）の困難や特徴を見ていきましょう。

　社会的コミュニケーションの障害は，以下の 3 つの問題に代表されます。1 つは，他者とのかかわり方の問題です。たとえば，自分から他者とかかわろう

としない，あるいは一方的に話をしてしまうといった様子が見られ，考えや感情を他者と共有することが少ないと言われます。次は，非言語的なコミュニケーションの問題で，身振りやアイコンタクトで意思を伝えようとしなかったり，相手の表情を読み取ることが苦手であったりします。3つめは対人関係の問題です。同じ年頃の友人と一緒に遊ばず，一人でいることを好んだり，あるいは一方的な友人関係となったりすることもあります。また，冗談や皮肉を字義どおりに受け取ったり（語用論的な問題），内容がはっきりと定まっていない雑談が苦手であったり，生活上の「暗黙のルール」がわからなかったりすることが，対人面での問題につながっています。

　続いて，限定された反復的な行動様式の例を挙げましょう。おもちゃを一列にきれいに並べたり，聞いた言葉を繰り返したり（反響言語・エコラリア），独特な言い回しを繰り返し口にしたり，といった反復的な行動がその1つです。また，柔軟性のなさも特徴的です。見通しがもてない状況に強い不安を覚え，いつも同じであることやルーティーンにこだわり，変化に弱いという様子が見られます。同様に，何でも白黒つけたい，という考えが強く，あいまいな状況を許せずに苦しんだりすることもあります。さらに，特定のものにきわめて強い興味を示し，没頭することもあります（例：昆虫や電車）。そして，近年特に注目されているのが，**感覚の特異性**です。多くの人には気にならない音を苦痛に感じたり，眩しさを強く感じたり，衣服の肌触りが不快，といった外界の刺激に対する過敏さがあり，そのせいで活動が制限されてしまうことがあります。反対に，呼びかけに気づかなかったり身体の痛みに無頓着であったりと，感覚の鈍感さを伴うこともあります。

　(2) ASD の背景　　ASD 児の困難の背景として，様々な認知面の問題が指摘されています。代表的な1つが**心の理論**の障害です（Baron-Cohen et al.,
1985）。心の理論とは，他者の心の状態（意図や欲求など）を類推し理解する能力です。この能力をうまく用いることができないために，相手の気持ちを考えて話すことや語用論的理解の難しさなどの社会的コミュニケーションの障害が生じると考えられます。他の問題としては，物事の全体よりも細部に注目しやすい認知スタイル（**中枢性統合の弱さ**; Frith, 1989）も指摘されており，これが詳細な処理への優秀さをもたらす一方，「場の空気や話の流れを読めない」

などの対人コミュニケーションの問題につながっていると考えられます。

　あわせて，社会的コミュニケーションの障害が発達の過程で形作られるという見解もあります（千住，2012）。他者からの社会的な合図（指さしやアイコンタクトなど）は自然と注意を引くものですが，ASD 児は自分に視線が向けられても気づきにくいことが示されています。このことから推測されるのは，ASD 児は他者の働きかけや意図に「何となく」気づいて応じることができず，それゆえ他者とかかわり，学ぶ機会を幼い頃から損なっており，その積み重ねが社会的コミュニケーションの障害につながるということです。発達の産物として ASD 児の（少なくとも一部の）困難を捉えることは，その理解と支援に重要な視点であるように思います。

［3］配慮・支援の原則

　これまでに述べたように，ASD 児は，多くの人は「何となく」できていることや「気にもしたことのない」ことに困難を抱えています。したがって，自分の「当たり前」を押しつけないことが肝心ですが，なかなか大変かもしれません。そこで有効なのは英国自閉症協会が提唱する**支援原則 SPELL** です。SPELL とは，①**Structure**：構造化すること，②**Positive**（approaches and expectations）：肯定的に働きかけ，適切な期待をかけること，③**Empathy**：共感的にかかわること，④**Low arousal**：興奮やストレスの少ない環境を整えること，⑤**Links**：家庭や地域とつながること，の 5 つの要点にまとめたものです。①の**構造化**とは，視覚的・具体的・系統的に環境を整えて見通しがつくようにすることです。たとえば，場所を学習の場と遊びの場などと活動内容によって物理的に分けて示したり，一日の予定を視覚的・具体的に示したり（例：授業➡給食➡掃除）します。活動中に与える指示も，視覚的な情報も活用しながら明確にする（例：数字を示す，指示語は避けて名称を言う）とよいでしょう。こうすることで，やることがはっきりとわかり，不安なく活動に参加することができます。②③も基本的ながら，それぞれの興味や強み，苦手さを先入観なく肯定的に受け止め，その子からの見え方も想像しながら共感的にかかわることが大切です。こうしたかかわりを通して，自己肯定感も高まっていくことでしょう。

　別の視点からの支援として，ASD 児のスキルを高める方法もあります。ASD 児は他者とのコミュニケーション方法や社会常識を生活経験から自然に身につけることが難しいため，**ソーシャルスキルトレーニング（SST）**として学んで練習します。たとえば，対人場面での適切な振る舞い（コミュニケーション方法や対人距離など）についてお手本を見ながら学び，ロールプレイで練習し，振り返る，といった流れで活動するのが一般的です。他にも**コミック会話**といって，対人場面を簡単な絵に描いて（会話の内容や他者の気持ちを漫画の吹き出しのように表す）学ぶ方法も用いられます。このように，多くの人が暗黙のうちに学んでいる非明示的な事柄を明示的に学ぶことで ASD 児もわかるようになり，普段の生活の中でも同様の経験を重ね次第に上手になっていくことが期待できます。

　感覚の過敏さへの対応方法も，不快な刺激を取り除いたり（例：光が反射する白いもの），構造化をしたりするなどの**環境調整**が有効です。気になる音への対策としてイヤーマフ，眩しさには遮光・偏光レンズといったグッズを使用するのもよいでしょう。感覚の鈍麻には刺激が入りやすくなるように工夫し，たとえば呼びかけに気付きにくい場合には，教室内の座席を前の方にするのも一案です。

　以上，ASD 児の支援について見てきましたが，具体的な対応だけではなく，どのようにかかわるかが重要であるとわかるでしょう。社会的コミュニケーションの障害を考えてみると，それは人と人との間に起きているものであって，ASD 児だけに問題があるとするのは，一方的な見方なのかもしれません。ASD を遠く離れたものとして見るのではなく，自分や社会に連続するものとして捉え，つながりの中で支援をすることが大切なのだと思います。

5. 発達性協調運動障害（DCD）

[1] DCD とは

　学校で「不器用，運動音痴」などと思われている子どもたちの中には，**発達性協調運動障害（運動症）**（Developmental Coordination Disorder: **DCD**）の子がいるかもしれません。DCD とは，協調運動に関する脳の中枢機能の発

達の障害です。**協調運動**とは，ある動作に必要な体の部位や筋肉を連動させ，複数の動きをまとめることです。運動は，全身を使う大きな動きの粗大運動と，手指を使う細かい動きの微細運動とに大別され，いずれも，目と手（見て動かす），手と足の協応など，複数の箇所を同時に動かすことが求められます。DCD の子どもの困りごとは，鉄棒の逆上がりやダンスや球技・チームプレイなどが苦手，服のボタンや紐結びができない，ハサミがうまく使えない，物をよく落とす，人やものによくぶつかる，箸やペンの持ち方が上達しない，字がうまく書けないなどで，また，体のバランスや姿勢を保つのも困難です。つまり，協調運動の困難は体育・スポーツに限らず，構音・発話の音声面，食事場面（ナイフや箸などの使用），衣類の着脱，描画や書字，様々な道具・文具の使用，楽器の操作など，日常生活や他の教科学習に深く関係します（図4-3）。

　DCD は4つの特徴，①運動の拙さ（年齢・学習・使用機会に応じて期待されるより明らかに劣る），②運動の拙さが日常生活に影響を与えている，③症状の始まりが発達早期，④運動に影響する他の障害がない，で規定されます。いわゆる不器用との違いは，拙さの程度が極端である点と日常生活に支障をきたしている点です。DCD は発達障害の1つなのですが，前述した他の発達障害に比べて，まだあまり知られていないのが現状です。

　その発生率は5～11歳児で5～6％，また，成人期まで困難が長く続く傾向があります。男女比は2：1～7：1と男子の方が高く，LD，ADHD，ASDとの併存も多いのです。

［2］心理・行動的特徴

　DCD の子どもは身体感覚の発達につまずきがある可能性が考えられます。視覚につまずきがあれば物や文字の形を上手に捉えられないですし，聴覚なら音の聞き分けや文字と音の結び付けが難しいですし，触覚なら物の操作や皮膚のセンサー役割の点でも難しさがあり得ます。より潜在的な感覚である前庭感覚は，重力や身体の傾きなどを感知する感覚であり，それが高すぎると高所や揺れに不安を感じ，低すぎるとバランスが取れず転倒しやすいのです。筋肉や関節の感覚である固有受容感覚は，自分の身体の位置や動きを把握しますが，そのつまずきがあると，動きが大雑把で粗い動きになります。

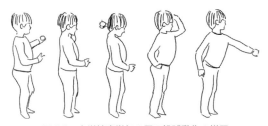

図 4-3　小学校高学年の子の投球動作の様子
（腕の振りと体幹部のひねり動作が分離し，下肢から体幹部が伸びきってしまう）

　さらに，運動機能ではなく，頭の中で運動を組み立て，身体をコントロールする処理と出力の点で，運動の正確性や再現性に問題があり，パフォーマンスが安定しません。全体的な動きのぎこちなさや，左右の動きの分化，バランスの苦手さ，姿勢の崩れなどの問題が生じます。また，模倣が苦手であり，様々な場面で不器用さが見られます。

　単に不器用なだけでそのうち直ると放置したり，周囲が努力不足だと不適切な対応をしたりすると，二次的な問題が生じがちです。「身体運動の機会が少なくなって，体力や肥満などの問題が起こりやすい」「集団への参加が消極的になり，友人関係が希薄になる」「叱責を受けやすく，友達からの嘲笑やいじめの対象になりやすい」など，自尊感情を低下させてしまいます。また，成人期にも困難が続くことが多く，車の運転や筆記やタイピングなど，就職に必要な技能の習得にも問題が広がる可能性があります。

［3］配慮・支援の原則

　DCD の子どもは，動きを意識すると余計にぎこちなくなりがちなため，運動技能学習理論の「結果の知識」（Knowledge of result: KR）の手法を用いて，動作前にあれこれ指示するよりも，動作をした後に丁寧にフィードバックすることが有効です。

　①**視覚的に示す**：自分がどんな動きをしているのか，動きの状態が見てわかるように，写真や録画で視覚的に示すと気づきやすいです。②**スモールステップで支援**：簡単なできる課題から始めて，少しずつ成功体験を積み上げ，より難しい課題へと挑戦していく**スモールステップ**がポイントです。成功体験が子

どもの意欲を高めていきます。③楽しむ心を育てる：子どもの興味・感心に寄り添って安心して楽しみながらできるように，ゲームや遊び感覚を取り入れるとよいでしょう。技能の習得だけでなく，努力する過程や運動を介した周囲とのかかわりにも目を向けることが大切です。そのうえで，生活が豊かになる視点から，競技性よりも身体活動を楽しむ心を育てていきます。④環境調整で取り組みやすく：苦手がカバーできるように環境を調整して過ごしやすくします。たとえば，運動なら手や足を着くべき箇所に目印を付けたり，姿勢が崩れやすいなら骨盤がずれにくく工夫したクッションを使うなどです。教材もその子の特性に合うように変えて，その子なりの望ましい動きを引き出していきます。

（綿引清勝）［1，3，5節］・（大井雄平）［2，4節］

◆━━━━━━━━━【内容をまとめよう】━━━━━━━━━◆

・LD とは，全体的な（　　　　）に遅れはないものの，特定の学習領域に強い困難を示す発達障害です。支援は，LD 児それぞれにどのようなつまずきがあるかという（　　　　）を把握したうえで個別に行いますが，クラス全体を対象としながら介入程度を変えていく（　　　　）に基づく支援も重要です。
・ADHD は目標に向かって思考や行動を意識的にコントロールする（　　　　）や，報酬系に弱さがあるため，問題となる行動が起こる（　　　　）に支援することが大切です。気が散りにくいよう（　　　　）したり，達成可能な目標を設定したりします。
・ASD とは，人とのかかわり方である（　　　　）の障害と，柔軟性のなさや感覚の特異性などの（　　　　）という2つの特性に特徴づけられる発達障害です。特性が強い人から軽い人まで含まれ連続していることから，（　　　　）という捉え方がなされています。その支援には，視覚的にわかりやすく見通しがつくようにする（　　　　）などがよく用いられますが，どのように ASD 児とかかわろうとするかが重要です。
・DCD は，複数の動きをまとめる（　　　　）に困難がある障害で，運動に取り組む際はできる運動を少しずつ（　　　　）で成功体験を積み上げ，技能だけでなく興味関心に寄り添って身体活動を（　　　　）心を育てることが支援のポイントです。

◆━━━━━━━━━【調べよう・考えよう】━━━━━━━━━◆

　発達障害それぞれについて本書で学んだ特徴と支援原則をもとに，特定の授業や学校生活を取り上げて，具体的な支援の仕方を考えよう。なお，国立特別支援教育総合研究所や NHK 発達障害プロジェクトなどのサイトも参考になるでしょう。

コラム7　ワーキングメモリから捉える発達障害

　第4章を読み通してみて，発達障害のある児童生徒がどんなつまずきを示すのか，そしてその原因も見えてきたのではないでしょうか。ここで，2，4節（LD，ADHD）にも登場した「ワーキングメモリ」について，補足をしておきましょう。

　ワーキングメモリとは，認知的な活動を行うときに一時的に必要となる記憶のことで，私たちの生活に広くかかわるものです。たとえば，本を読むとき，少し前に読んだ内容を覚えておきながら，文章を読み進めていくことが必要です。他にも，料理を作るときには，使う材料が何で，どれくらい必要だったかを少しの間だけ忘れないようにして，下準備や調理を進めていくことでしょう。このように，必要な情報を覚えながら作業をする，というプロセスをワーキングメモリは支えており，幅広い活動の土台になっています（ワーキングメモリについてさらに専門的に学びたい人は，大井（2020）も参照してみてください）。

　ワーキングメモリには個人差があることがわかっていますが，発達障害のある児童生徒はワーキングメモリの弱さを示すことが多く，これが失敗につながっていることがあります。たとえば，課題を最後までやり遂げられないというADHD児によく見られる問題を例にしましょう。課題を最後までやり遂げるためには，教師からの指示，すなわち「今，何をすればよいのか」（課題目標）や「今の作業が終わったら次に何をするのか」（手順）を一連の作業を進めるなかで覚えておかなければなりません。課題目標や手順もワーキングメモリによって保たれているため，ワーキングメモリの弱さがあると，作業を進めるうちに忘れ去られてしまいます。その結果，課題とは関係のないことに向かい，課題を達成できない，となってしまうのです。

　このように捉えると，上の例の場合，指示をわかりやすく簡潔することでワーキングメモリへの負荷が小さくなりますし，課題目標と手順が一目でわかるハンドアウトの用意や作業中の声かけをすることでも必要な情報を思い出しやすくなるので，失敗が起こりにくくなると考えられます。他にも，ワーキングメモリに弱さがあるLD児では，文字の音や形，あるいは数などのイメージを思い浮かべておくことが難しいために，学習につまずいていることがあります。ワーキングメモリは覚える情報の性質（大きく分けて言語的か視覚的か）によっても左右されるので，どういった情報なら覚えやすいかを考えて工夫することも有効です（例：文章の内容を絵で描いて表現する，計算の手順を言葉で表したシートを用意する）。

　このように，発達障害をワーキングメモリの観点から捉えることで，支援方法が根拠とともに見えてきます。一つ気をつけたいのは，発達障害児の中でもワーキングメモリには個人差があり，発達障害があるからといって紋切り型の支援ができるわけではないということです。しかし同時に，このような捉え方と支援は，発達障害のあるなしに限定されないとも言えます。ですから，ワーキングメモリの観点から捉えることは，通常学級での指導においてこそ役に立つと言えるのかもしれません。

（大井雄平）

コラム8　個に応じた教材づくり：困り感に寄り添う支援

　教室を見渡すと，みんなと同じように学ぶことが難しい子どもたちがいることに気がつくことがあります。その子どもたちの特性に合わせた教材づくりや個別の支援は大切なことですが，一人一人の特性や苦手さにすべて対応することはなかなか難しいことです。それぞれの子どもたちが学びやすくなるように，ここでは「わかる」授業を目指した教材づくりのヒントを挙げます。

　教材づくりで大事なのは，単に作り方のハウツウを身につけるだけではなく，その子の困り感の本当の原因はどこにあるのかを，様々な角度から探り見極めることです。各障害に起因する学びにくさだけでなく，実は，学びにくさが続くことによって学習に対して苦手意識をもつようになっているのかもしれませんし，学習環境が学習への集中を妨げているのかもしれません。それらが学習意欲と自尊感情の低下につながり，さらなる二次障害を引き起こしかねません。子どもたちの成功体験につながるような支援のために，教材の工夫が必要なのです。教師のちょっとした気づきによる手立てや支援が，子どもたちの大きな支えになります。授業のなかで，個々に合わせた教材を通して「わかった」という実感，達成感の喜びにつながるように，子どもたちに寄り添う支援を目指しましょう。

困り感に寄り添って支援するヒント
【読みの誤りが多いタイプ】

・板書やプリントの漢字にふりがなをふる，行間を空けるなどして読みやすくする。

・読むところを指でなぞって読む，定規を当てて読む，部分だけが目に入るように他の部分は隠して見えないようにするなど個々に合わせた方法で読ませる（図1）。

・個別のプリントに対して，文節など区切りに目印をつけたり，コントラストをつけたりして読みやすくする（背景を黒にして文字を白抜きにするなど）。

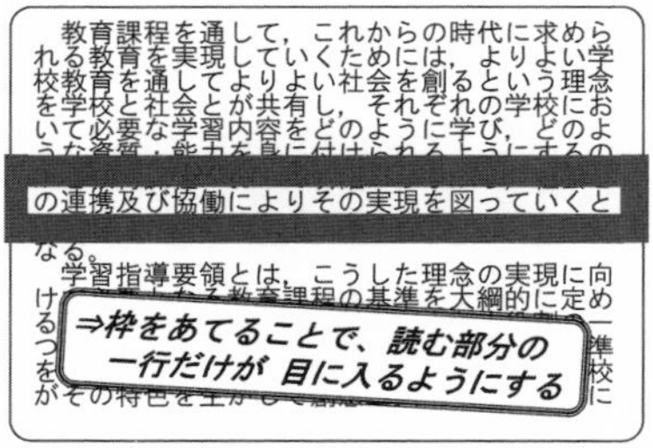

図1　読み誤りの多い子どもへの支援例

【書字が苦手なタイプ（書くことへの支援）】

・話を聞く時間と，書く時間を分け，書く時間を長めに確保する。

・漢字が苦手な場合，何度も書くのではなく，部分ごとに分解して覚える，何か似ている形をイメージして覚えるなどの工夫をする。

- プリントの枠やテストの解答用紙の枠を大きくする。ノートを2～3行ずつ使う。
- 板書する場合は、生徒のノートの完成形をイメージし、文字量や文字の大きさを調整する。
- 授業のポイントを穴埋めにしたワークシートを用意する。

【文章を書けない・構成できないタイプ】

- テーマを決めて日記に取り組ませる（自分の身近な話題について、文章を書く練習を行わせる）。
- 空欄を含んだわかりやすい例文を用意し、記入できるようにする。
- 短冊やカード（ふせん）で思いついたことを書き出し、それを順番や構成を考えてつなげて文章にしていくように教える。
- 「いつ、どこで、誰が、何をして、どうだったか」という基本構成をカードにしたものを使いながら具体的に教える。

【計算でつまずくタイプ】

- 問題数を減らしたり、正解しやすい問題をまじえたりし、達成感が得られるようにし、次への意欲を高める。
- 似ている問題で繰り返し練習を重ね、自信をつけさせる。
- 桁をそろえやすくした表記や、途中の数字を書き込みやすいような計算用紙の工夫をする。
- 問題用紙と回答用紙に分けずに、問題の次に回答欄を設け、どこに回答すればよいかわかりやすくする。

【話に集中できないタイプ】

- はじめに「～について話します」と言ってから話し始め、見通しをもたせる。重要なポイントは、板書やカードで示す。
- あいまいな表現を避け、具体的に表現する。また明確・端的に指示する。
- 一度に話す情報量を精選し、内容をわかりやすくする（一文一動詞）。

【活動に見通しが持てないタイプ】

- 始まりと終わりの時間は、大きなタイマーなどを使って、見て明確にわかるようにする。
- 一時間の授業内容の流れや一日のスケジュールを時間（教科）ごとにカードにして理解できるようにする（授業場所や持ち物など必要な情報もわかりやすく提示）。

図2 活動に見通しがもてない子への支援例

(早尾美子)

第5章
通常学級で共に学ぶ支援

> 通常の学級において，障害・困難のある子どもたちに対してどのような支援をすれば「できる」「わかる」「力をつける」ということにつながるでしょうか。読者のみなさんが，自分が「担任教師だったら……」あるいは「子どもだったら……」という視点に立って，具体的な場面をイメージしながら考えてみましょう。

1．多面的・多角的な実態把握

　特別支援教育の導入以来，通常の学級における多様な教育的ニーズを有する子の存在がクローズアップされています。このような子どもたちの示す困難や特性は，一人一人で状況や度合いが大きく異なります。しかし，どのケースにも共通するのは，わからない・できないままでいることは，学力不振や人間関係の困難に直結するだけでなく，自己肯定感の低下や不適応行動の増加などの二次的な困難・障害につながりかねないということです。そこで小学校及び中学校の学習指導要領解説・総則編で述べられているとおり，子ども一人一人の障害や困難の状態や特性を十分留意したうえで，指導の内容と方法の工夫を行うことを意識する必要があります。

　ところが，ややもすれば，子どものもつ苦手さのみに注目し，「指導・支援によってそれらを改善・克服する」という視点を強くもってしまいがちです。効果的な支援のためには，子どものもつ強みや得意さを合わせて理解し，長所はさらに伸ばし，なおかつ，弱点はそれらで補っていくという考え方を大切にしたいものです。つまり，教師の「子どもや学級集団の特性や傾向を丸ごと理解しようとする姿勢」が必要不可欠になるということです。

　それでは，いわゆる「気になる子」の存在に担任教師が気づいた場面を考え

てみましょう。小学校の通常の学級において学級担任を務めている筆者の場合
は，行動観察，学習や生活の状況，本人・保護者の語りなどを総合的に参考に
します。具体的には，「(定型発達としての) ○年生相応の習熟に比べて，どの
ような教科・領域に得意さと苦手さがあるか」「視覚的か聴覚的かどちらの方
が情報は入りやすいのか」「落ち着く座席の位置はどこか」「どのような友達と
親しくしているか」などを考えます。これらは，担任によるインフォーマル・
アセスメントと言えるでしょう。ケースによっては，心理職が行う発達検査に
よるフォーマル・アセスメントを行い，個別の指導・支援に活かします（コラ
ム9参照）。また，学級経営に活かすために，学級集団の状態を把握するアセ
スメントを行うこともあります。たとえば，**学級集団満足度尺度**や**学校生活意
欲度尺度（Q-U）**等は予防的・開発的教育相談の一つとして有効性が近年注
目されています（河村，2013）。このような多面的・多角的な実態把握を行う
ことで，どのような支援方法を選択するかという検討が可能になります。

2．支援の観点と具体的方法

　「支援の第一歩は実態把握から」ということを踏まえたうえで，指導・支援
の観点と具体的な工夫について学びましょう。
　近年，全国各地の小・中学校等において特別支援教育的な観点からの学習指
導の充実が図られ，その成果と課題を検討した報告・提案が多くなされていま
す。それらの共通点のひとつとして，**授業のユニバーサル・デザイン**がありま
す。この考え方は，学力の優劣や発達障害の有無にかかわらず，全員の子ども
が「わかる・できる」ための授業デザインの工夫・配慮をすることです。授業
改善の観点は，①指導のねらいや内容を絞る「**焦点化**」，②視覚的な手がかり
を重視する「**視覚化**」，③話し合い活動を組織化して学習者間で学びを確認・
拡大する「**共有化**」の3つの柱が提起されています。これらに基づき，子ども
たちが**見通し**や**構造化**の工夫に取り組みます。表5-1には，学校現場において
実践されている支援の中から，代表的なものをまとめてあります。これらの工
夫は，発達障害などを抱える児童にとっては「ないと困る」支援であり，どの
児童にとっても「あると便利な」支援であると表現されています（佐藤，
2010）。具体的に「学習環境の整備」「授業方法の工夫」の2つの側面から理解

していきましょう。

［1］学習環境の整備

（1）刺激量の調節　　子どもたちの注意力を高めるために，集中を妨げることにつながる刺激の量を調節し，学習環境の構造化を進めることです。たとえば，掲示物の精選，棚の目隠し，教室内の整頓などの視覚刺激への配慮，机・いすの足にテニスボールなどを付けて消音するなどの音刺激への配慮，人との適度な距離感を保つ座席配置する人刺激への配慮等の取り組みがあります。

（2）マナーやルールの明確化　　学習や生活のマナーやルールには，抽象的な概念や暗黙の了解が多く含まれています。一人一人の生活経験や価値観も異なることから，子どもたちが理解しにくさを感じる場面は少なくないでしょう。そこで，学年の始まりや行事などの折に触れて，教師と子どもたち全員でマナーやルールを確認し，共通認識をもちます。重要な内容は，視覚支援として掲示物に表し，日常的に確認できるようにしておきます。それによって，子どもたちは「何を」「どのようにすればよいか」を具体的に理解しやすくなり，学習や生活の規律が身につきます。他には，教材・教具を置く場所や提出先を明示するためのかごや目印シール，声の大きさを目盛りで可視化した「声の大きさものさし」の掲示，当番活動の役割や手順を明確にした図や分担表などがあります。

（3）相互理解の推進　　学校生活の中には，相互理解のもと，子どもたち同士の協力が必要とされる場面がたくさんあります。学級内の相互理解の推進は，認め合える人間関係づくりにつながり，支援の基盤になります。また，子どもたち同士だけでなく，子どもと担任，担任と保護者，あるいは，保護者同士の良好な人間関係が構築されていることも大切です。具体的な取り組みについては，本章後半で対人関係の支援や学級経営のあり方として取り上げます。

［2］授業方法の工夫

（1）授業の構造化　　ねらいと中心発問を焦点化したうえで，授業展開をパターン化します。具体的には，授業の1単位時間を10分から15分くらいのユニットに分けて構造化し，その中に，読む，操作する，考える，書く，聞くな

どの多彩な活動を取り入れます。なおかつ，進行している課題や作業時間を明示し，子どもたちが学習の見通しをもてるようにします。また，板書，ノート，ワークシートは，学習過程を明確にできるような構成にします。それにより，授業の終わりに子ども自身が学びを振り返ることで，定着化につなげます。

　(2) 情報伝達の工夫　　子どもたちに情報を伝達する際には，視覚的援助，具体的な指示の徹底，記憶の負荷の軽減をすることで，理解を促します。口頭での指示や説明は，一文一動詞を原則とし，「やることを3つ言います。1つ目は……」などの構造化を行うことで，聴覚的な情報を受け取りやすくします。加えて，掲示物・板書を用いて，文字やイラストなどの視覚化により伝達することで，子どもたちはさらに情報処理しやすくなります。また，国語科の心象性の低い漢字や語彙，社会科の専門用語，道徳科の内容項目（例：節度節制，畏敬の念，公徳心，克己等）などは，理解できないまま授業が進んでいる可能性があるため，生活に関連づけたり具体物を用いたりして，イメージしやすい説明を心掛けます。近年では，デジタル教科書，拡大投影機，タブレット端末等のICT機器の整備が進んでおり，これらを活用することも可能です。読み上げや拡大の機能で視覚的・聴覚的に注目しやすくしたり，カメラやボイスメモの機能で記憶の負荷を軽減したりすることが考えられます。

　(3) 参加の促進　　学習活動への参加に抵抗感のある子は，もともとの障害・困難に由来する苦手さにより参加が難しくなっている場合もあれば，苦手さが蓄積し，学校生活自体への意欲が低下している場合もあります。原因を見極めつつ，主体的・意欲的に学習活動に参加できるように促す支援が必要です。具体的には，ノートやプリントの枠の大きさを子どもが選択できるようにしたり，話型を用いて発表・解答の仕方をパターン化したりして，表現しやすくします。また，九九やローマ字などの苦手分野を補助する個別の教材・教具を用いて，負荷の軽減を行う場面も想定されます。

　(4) 共有化　　ペア，グループ，クラス全体などの多様な形態で，課題について話し合う，意見を聞き合う，感想を伝え合うなどの活動を授業に積極的に取り入れます。それによって「みんなで一緒に考えたらわかった」「友達とやったらできた」「友達の考えを知ることができてうれしかった」などと子どもたちが感じ，自信と安心を得ることが大切です。この点は，近年重視されて

表 5-1　「できた」「わかった」につながる支援技術の一例（筆者作成）

学習・生活環境の整備	刺激量の調節	・気持ちを落ち着かせる場所や時間を保障する ・教室前面の掲示物を必要最小限にする ・教具をしまってある棚にカーテンなどで目隠しをする ・教室内を整理整頓する ・子ども個々の特性に合わせた座席を配置する ・話し合い活動やグループ活動の時に机の向きを変える
	マナー・ルールの明確化	・授業や生活の規律について教師と子どもで共通認識をもつ ・授業に必要なものを明確にし，視覚的に提示する ・教室内の机・教材などを置く位置をシールなどを貼ることにより明示する ・かごや箱などを活用してどこに何を提出すればいいのかわかりやすくする ・給食・掃除などの当番活動の役割分担や手順を図や表で表す ・声の大きさや気持ちを表す言葉など抽象的な概念を視覚的に提示する
	相互理解の推進	・スケール化により自己理解を促す言葉がけを行う ・敬称を付けて呼び合ったり，適切な言葉遣いを学習するなどして学級内の言語環境を適正化する ・アサーショントレーニングとしてお互いが気持ちよく気持ちを伝えられる練習をする ・友人関係のトラブルを場面や感情の動きを絵や文章を用いて教師と共に振り返る ・教科学習や特別活動の中に，構成的グループエンカウンターやソーシャルスキルの学習を取り入れる
	授業の構造化	・授業のポイントや中心となる発問を明確にする ・1 単位時間を 10 分から 15 分のユニットに分けて，授業展開を構造化する ・読む・操作・考える・書く・友達に聞くなどの多彩な学習活動で集中を維持できるようにする ・進行している課題や作業時間等を明示し，今，何をしているのかをわかりやすくする ・学習の過程が明確になる板書やワークシート作成を行い，確認・復習できるようにする
授業方法の工夫	情報伝達の工夫	・1 回の指示で 1 つの内容を伝えるようにしている ・口頭だけではなく，文字，絵，図・写真等の視覚情報による説明を付加し，理解しやすくする ・指示棒やマグネットなどの道具を使って見る箇所を示す ・ICT 機器を活用し，視覚的・聴覚的に注目しやすくする ・専門用語や抽象的な概念は，平易な表現にしたり，関係のある絵や図を提示する
	参加の促進	・子どもたちが楽しめるような学習カードを用いてスモールステップや努力の蓄積を評価する ・授業内で扱う教材・教具は，ユーザビリティを確認したうえで採用する ・発表の話型や解答の仕方をパターン化し，表現しやすくする ・作文や新聞づくりでは，大きいマス目・罫線・白紙などの用紙が選択できるようにし，書きやすくする ・九九表・ひらがな表・ローマ字表などの苦手分野を補助する個別教具を用意する ・一枚の問題数や書く量が少ない学習プリントやノートを用意し，書くことへの負担を軽減する ・習熟度別の教材や課題を用意する ・特別支援教育支援員や特別支援教育コーディネーターと連携し，個別指導や補充的学習を行う
	共有化	・友達と話し合う・聞き合う・伝え合う活動を積極的に取り入れる ・ペア・グループ・クラス全体などの構成を工夫する

いる**主体的・対話的で深い学び**に関連します。わからないときにはやり方を教えてもらえ，逆に，わかったときには友達に説明するなど，両方の立場を経験することにより，相手意識の向上と思考の深まりにつながっていきます。

3．支援技術の運用とその実際

　次に，支援の工夫をどのようにマネジメントして実践するかという視点で考えてみましょう。ここから取り上げる運用論は，支援の量と内容を調節したり，構造化や見通しを最適化したりすることを通して，子ども自身に学習や生活の力をつけていくというねらいがあります。子どもたちは，つねに担任，クラスメイト，教室という慣れた人や場だけでなく，担任以外の教員，他学年の子ども，特別教室や全校集会等の場など，様々な人と場で学びます。さらに，数年に一度は，クラス替え，担任の交代，進学などの局面を迎えます。環境や状況が変化したときに，支援がなくても，あるいは支援を受けながらも，自分の力でできる自立した子（人）を育てていくという視点が大切です。支援を通して，学校生活にとどまらず，複雑化した変化の激しい現代社会を生き抜いていく将来的な力を養っていくことにつなげていきたいものです。

［1］支援量の調節

　「支援量の調節」とは，継続して同じ支援を続けるのではなく，子どもの実態をその都度評価し，段階的に支援の量と質をマネジメントするという考え方です（田中・奥住，2019）。これには，3つの段階をイメージしていて，支援を始めた頃の支援量が多い段階を「段階Ⅰ」，子どもが自力でできるようになってきて，支援を少し軽減した段階を「段階Ⅱ」，少ない支援と自分の力でできる段階を「段階Ⅲ」とします（図5-1）。子どもが自分でできるようになってきているというサインを見極め，支援の量と質を変えるタイミングを判断するには，教師が発達段階や教科特性，学習指導要領を理解し，つけたい力を明確にしていることが鍵となります。

　具体例を見てみましょう。小学校1年生を対象に「授業の準備を自分でする力を身に付ける」という目標を立てた実践です。まず，段階Ⅰ「出すもの，出す場所は"指定席"」では，鉛筆，ノート，教科書を机上に置く場所をルール

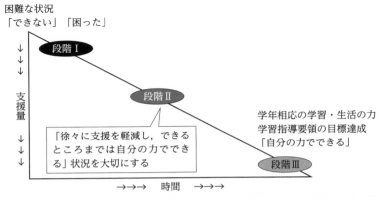

図 5-1 「支援量のマネジメント」モデル（田中・奥住（2019）をもとに筆者一部修正）

化し，お手本の掲示をしました。つまり，ルール化，口頭指示，視覚支援の3
つをあわせて行ったということです。その後，多くの子どもたちが掲示物を見
なくても準備できている姿が見られたら，段階Ⅱ「各自で使いやすい場所に置
く"自由席"」に移りました。視覚的支援を減らし，「机に出すものは3つです。
①鉛筆，②教科書，③ノートです」という構造化した口頭指示のみにしました。
出す物のみをルール化し，教具は自分で使いやすい所なら机上のどこに置いて
もよいことにしました。これは，利き手，手の長さ，ボディイメージが一人一
人違うことを考慮しました。出す物の数のルール化は維持してあることで，混
乱はありませんでした。これを続けると，3学期には段階Ⅲ「自分で教科や状
況を見て出す"引き出しから出発"」として，徐々に「算数で使うものを出し
ましょう」という口頭指示に変えました。最終的には，子どもたち自身で授業
に必要なものを考えて，休み時間のうちに準備ができるようになりました。
　支援量の調節は，他教科や学年でも可能です。たとえば，社会科で調べ学習
を行う際には，段階Ⅰ「教師が提示した参考資料から調べる」，段階Ⅱ「教師
が用意した複数の参考資料から選択して調べ，メモにまとめる」，段階Ⅲ「自
分で探した資料から調べたことをメモし，新聞等にまとめて発表する」という
段階の設定が考えられます。また，集団指導だけでなく，個別指導でも応用で
きます。個別的な学習フォローの必要がある子に対しては，「支援員がつねに
席の横でヒントを出す」「わからないと言ったときにヒントを出す」「机間指導

で教室を一周したあとに見る」などの段階が考えられ，かかわりの目安になる
でしょう。

　なお，小学校・中学校の最終学年では，進学先への連続性を見据えた支援と
して捉えられます。支援量の調節は，文部科学省中央教育審議会で示されてい
る「学びの連続性」を担保することにもつながると言えるでしょう。

［2］　構造化や見通しの最適化

　構造化や見通し等の支援技術をつねに一律で行うのではなく，目の前の子ど
もに合わせて最適化するという実践例を紹介します。

　（1）見通し支援と提示の工夫　　図5-2と図5-3の2枚の写真は，小学校5
年生の学級での予定の提示です。どちらも見通し支援として行われていますが，
どのような違いがあるでしょうか。

　図5-2は，注意集中を向けることに困難のある子が多い学級での工夫の例で
す。黒板に多くのことが書いてあると，逆に雑多な情報となり，学習や生活の
見通しに集中することが難しくなる可能性があります。そこで，黒板には時間
割・準備物などの必要最低限の情報のみを書き，終わった順に消していきます。
これは，1日の流れの見通しをもつことに専念するために，刺激となる情報を
できるだけ排除するということです。一方，図5-3は，次の日の予定を書く枠
だった黒板を1週間分の予定を書く枠に変えてあります。これには，1週間分
の見通しをもつことで自主的な行動を促す意図があります。特に，行事や担任
の出張等でイレギュラーな日程を組むときには，この黒板を使って丁寧に説明

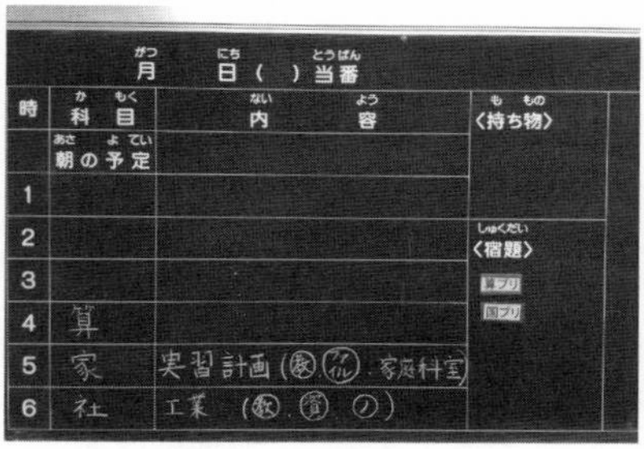

図5-2　刺激を減らした見通し支援の例

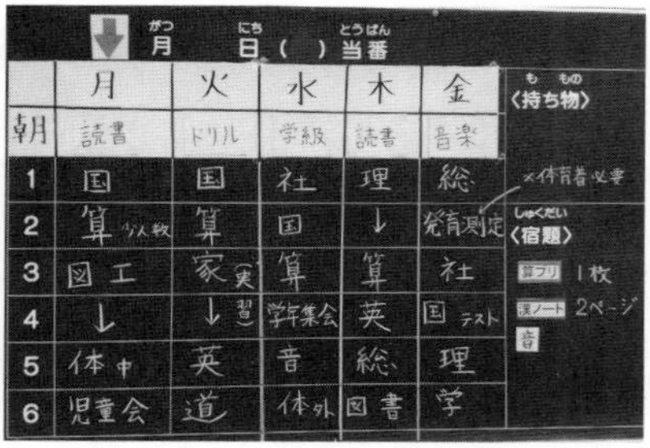

図5-3　1週間分の予定を提示した見通し支援
　　　の例

すると効果的です。「月曜日の図工は絵の具を忘れないようにしたい」「水曜日の体育は校庭ですか？体育館ですか？」など，子どもたちが曜日と予定を結びつけて発言することが多くなれば，それは，自分から進んで見通しをもとうとしている表れでしょう。

2つの違いは，提示する見通しの範囲です。子どもたちの中には，予定や活動の全体像を理解して見通しをもって始める方が取り組みやすい子どももいれば，活動しながら段々と見通しをもっていく方がやりやすい子どももいます。教師側から見通しを与えすぎてしまうと，思考力，判断力が育たなくなってしまう懸念もあります。見通し提示の工夫は，子どもたちが自分なりに生活しやすくなるために工夫できる力を養っていくことが大切です。また，中学・高校になると，授業の履修計画や準備物，定期テストに向けた学習，部活動の予定などのスケジュールを自分で組み立て，管理していく必要も生じます。学校段階に合わせた工夫も重要でしょう。どのように，どのくらいの見通しをもたせるかというさじ加減は，子どもの実態と状況によって教師が判断していく必要があります。

(2) 構造化支援と枠組みの調節　次の図5-4，図5-5は小学校高学年の学級の掃除分担表です。どちらも構造化支援の例ですが，どのような違いがあるでしょうか。

図5-4では，担任教師が曜日別に役割を割り振っています。この表に従って，子どもたちは場所や内容を理解し，掃除することができます。一方，図5-5では，曜日と役割は，子どもたち自身で表を作り，分担しています。ちなみに，「ほうき」などの役割の下の余白を作ったのは掃除後に振り返りを記入するた

5年1部　清掃分担表

分担場所　体育館フロア＆ステージ

名前	月	火	水	木	金
	教室ろうか	ステージ（ほうき ぞうきん）	モップ	モップ	教室ろうか
	モップ	教室ろうか	ステージ（ほうき ぞうきん）	モップ	モップ
	モップ	モップ	教室ろうか	ステージ（ほうき ぞうきん）	モップ
	ステージ（ほうき ぞうきん）	モップ	モップ	教室ろうか	ステージ（ほうき ぞうきん）

図5-4　教師が役割を決める構造化の例

名前	月	火	（水）	木	金
	ほうき	ぞうきん		ほうき	ぞうきん
	ほうき	ぞうきん		ほうき	ぞうきん
	ぞうきん	ほうき		ぞうきん	ほうき
	ぞうきん	ほうき		ぞうきん	ほうき
	ほうき	ぞうきん		ほうき	ぞうきん

図5-5　子どもたちが役割を決める構造化の例

めと考えたそうで，工夫の自主的な発展が見られます。

　2つの分担表を比べると，構造化の枠組みには段階があるということを理解できます。学校生活の中には，給食，係活動，児童会生徒会など様々な当番活動があります。どの活動にしても，場所，範囲，分担，道具，手順，後片付けなどの枠組みを構造化したうえで，図や表を用いることにより，子どもたち一人一人が自分の役割と責任を理解することが基本です。そのうえで，実態に合わせて，教師が役割や手順すべてを指示するのか，グループ編成だけ教師が行い，あとは子どもたちで話し合って決めるのか，役割交代のタイミングはどうするか（毎日，1週間，学期，1年間），などの何通りもの枠組みの設定を組み合わせます。どのスケールでユニット化すればより自主的な行動に結びつくかを見極め，子ども一人一人の自主性と責任感を養うことにつなげます。つまり，構造化についても，見通し支援と同様に，子どもたちの発達段階と実態に合わせて枠組みを最適化する必要があるということです。

4．認め合える人間関係づくり

　ここからは，支援の基盤となる認め合える人間関係づくりを，自己理解の促進，対人関係の構築，学級経営のあり方の3つの視点から考えていきましょう。

［1］自己理解の促進

　子どもたちが互いの個性を認め合いながら共に学ぶためには，まずは，一人一人が自己の得意と苦手を理解していることが大切です。子どもたちの自己理解を促す具体的な支援としては，スケール化を意識的した言葉がけがあります。目標を立てる時に「自分は今，○年生として10点満点中何点だと思う？　その理由は？　何ができるようになったらもう1点上がりますか？」，席替えの時に「前方の座席と後方の座席だと集中度は10点満点でどれくらい違う？それを踏まえて，どこの席だと集中しやすいか選んでみよう」，怒りのコントロールが難しい場面で「自分のイライラはコップの水の量にたとえるとどのくらい？」などが考えられます。これらのスケール化は問題を外在化したり解決志向で具体策を考えたりすることにつながり，スクールカウンセリングの領域においても心理的なアプローチとして用いられ，効果を上げています（森・黒

沢，2002)。また，自己理解とともに，自己実現に向けた目標設定も大切です。学校生活の中では，1日，1か月，学期，学年，行事など様々な期間や内容の目標設定ができますが，「なりたい自分」の姿をイメージすることで意欲的な学習や生活につながります。子ども一人一人が目標を明確にしておくと，支援を受け身に捉えるのではなく，「自分はこういう目標に向かっている，こういうやり方があればできるから支援が欲しい」というような援助希求に基づく子ども主体の支援につながります。

[2] 対人関係の構築

　良好な対人関係を構築するために，大きく分けて，日常の場面と授業や行事における場面の2つの場面における支援が考えられます。

　まず，日常の場面です。子どもたちは，友達と共に学んだり，遊んだりするなかで，対人関係のマナー，ルール，スキルを身につけます。その一歩として，正しい言語環境に整えることが大切です。敬称をつけて呼び合う，あいさつ，返事の習慣をつけるなどは，コミュニケーションの基本です。適切な言葉遣いと不適切な言葉遣いとを分類する「ふわふわ言葉とチクチク言葉」という活動や**アサーショントレーニング**としてお互いが気持ちよく思いを伝えられる練習を取り入れ，日常的な言語環境の適正化を促すことも有効です。また，子どもたち同士の何気ないやりとりの中で生じるトラブルや困難への丁寧な対応も重要です。言葉のあや（「貸してあげる」（貸与）なのか「貸して，あげる」（貸与後に譲渡）なのかなど）や暗黙の了解のようなルールやマナーの理解におけるすれ違いが起こることも容易に想像できます。そのようなときも，失敗経験のままにせず，「原因はどのようなことだったか」「同じような場面でどう活かせるか」などを教師とともに振り返ることが大切です。中には，場面や感情の動きを絵や文で表す視覚的な支援を行う必要がある子もいるでしょう。

　次に，授業や行事等における場面として，学級全体で意図的に人間関係づくりを学ぶ機会や場面を設けることもあります。2節で述べた互いの考えを伝え合う共有化の観点に加え，特別活動，体育科（運動領域「体つくり運動」，保健領域「心の健康」），特別の教科道徳，国語科（「話す・聞く」）等の授業の中で，**構成的グループエンカウンター**，**ソーシャルスキル**に関連する学習，**スト**

レスマネジメント教育等を取り入れることができます。

［3］学級経営のあり方

　「だれでも得意と苦手があって当たり前」という考えのもと，互いに支え合える学級では，支援は特別でなく当然として受け入れられます。困難を感じている子どもだけでなく，すべての子どもが互いの特性等を理解し合い，支え合い，共に伸びていこうとする集団づくりは，支援を有機的に結び，より効果的にします。これは，国立教育政策研究所が生徒指導の重要な視点として提唱している**「絆づくり」**と**「居場所づくり」**と重なります。どの児童生徒も落ち着ける場所（居場所づくり），すべての児童生徒が活躍できる場面（絆づくり）を実現し，安心して学べる学級を経営する必要があります。

　しかし，実際には，初任者教員や教職志望者から「4月から（または教育実習）の学級経営で具体的に何を重視したらよいかわからない」という声も聞かれます。多岐にわたる指導内容や多様化する児童の実態の中で，学級経営で特に重視すべき要点を把握する難しさがあると言えるでしょう。そこで，認め合える人間関係を構築できるような学級経営のあり方の3つの柱を理解しましょう。

　1つ目は「教師の肯定的・積極的なかかわり」です。これは，子どものつたない表現や行動の中にも，伝えたい思いや意味を見取り，共感し，努力や成長の過程を積極的に価値づける必要があるということです。失敗してもできているところに注目して評価する，次にどうすればいいかを具体的に助言する，できたときには学級全体で共有するなど，肯定的なフィードバックを意識的に取り入れます。「がんばったことを先生がわかってくれた」「みんながドンマイと言ってくれた」「うれしい気持ちをみんなで分かち合えた」という気持ちを子どもたちがもてると，自己肯定感と所属意識が高まり，「また明日も来たい」と思える学級づくりにつながります。

　2つ目は「授業力の向上」です。一日の大部分を占める授業で，わかることとできることは学校生活の満足感向上につながります。つまり，授業づくりは学級づくりに直結するということです。そのためには，具体的な支援の取り組み（2節）を積み重ねていく必要があり，日常的な教材研究や授業準備が肝心

です。同学年の担任教師と協働して授業準備をしたり，授業力の高い教師の授業を参考にしたりするなどの OJT（On the Job Training）に学校全体で組織的に取り組むとよいでしょう。

　3つ目は「適度な自由度の保障」です。自由度を極端に制限し，教師が設定した既存の「枠」に子どもを当てはめようとしすぎると，「枠」に入りきれなかった子どもは何度も叱責を受けたり，自主性を奪われたりすることとなります。「支援量の調節や最適化」（3節）を組み合わせながら，子どもたちの良好な対人関係，ルール，マナー（4節）が成立しているもとでは，あえて教師からの指示を少なくし，子どもたちの自主性に任せてみる場面をつくることも大切です。「自分で考えてできた」「自分たちでやってみた」という感覚は子どもたちにとって大きな満足感と自信であり，学習意欲と自己肯定感の向上につながります。

5. まとめ

　「どう教えるかではなく，どのように学ぶか」という「学習者主体の学習」はより一層重視されてきています。学校現場では「子ども主体の学習」を目指し，「有効と思われる支援をまずやってみて，効果があれば継続・発展させ，効果が薄いようだったら，また違う支援をしてみる」という「学習者主体の支援」が繰り返されています。このような教師による支援の試行錯誤（trial and error）を行うことで，子どもたちは「先生は，自分のことを丸ごと受け入れ，いつも真剣に考えてくれている」と感じることでしょう。教師は支援の必要な子どもにとって学校という社会における，安心・信頼できる一番身近な存在でありたいものです。そのために，「実態把握」「支援技術の選択」「支援の調節・最適化」という一連の流れを本章の実践例等からイメージして欲しいと思います。

　様々な子どもたちが共に学ぶなかで，たくさんの「できた・わかった」を一番間近に見ることができるのは，教師という職業の醍醐味にほかなりません。その意味で，通常の学級で共に学ぶための支援をとことん追求していくことには「深みとおもしろさ」があると言えるのではないでしょうか。

（田中　亮）

◆────────────【内容をまとめよう】────────────◆

　通常の学級において支援を行うにあたり，まずは，子どもの苦手と（　　　）の両面から実態を捉えます。そして，全員がわかる・できるための工夫である授業の（　　　）をはじめとした様々な支援を特性に合わせて選択します。さらに，支援量の（　　　），見通し・構造化の最適化といった支援のマネジメントやお互いを認め合える（　　　）などを行います。これらの一連の支援の流れにより，子どもが学習や生活の力を確実につけていくという視点が大切です。

◆────────────【調べよう・考えよう】────────────◆

　様々な教育的ニーズのある子どもがいる学級において，学習面と生活面でどのように支援を工夫し運用していくかを，表 5-1 を参照して，教科学習や学校，行事など具体的な場面を想定し，支援のマネジメントの 3 段階を考えましょう。

コラム9　教科別の指導ポイント

　ここでは，小学校の各教科の授業で，苦手がありそうな子の特徴，陥りやすい困難さ，そして，どの子も「わかる・できる」ようになるための指導ポイントを紹介します。

[国語]　音読，作文，漢字などでつまずきやすく，課題の量の調節でどの子もできるようにしたいです。読みでは，文節に区切ったり下線や印を付けて注意を向けやすくします。読みの予習も大切です。作文では，書く前に書きたいことを口頭で述べたり，カードに文を書き出し並べ替えたり，文章の型に沿って書いたりして，全体の構成を考えるようにします。

[社会]　学年が上がるにつれて学習範囲が広がり，使われる言葉が難しくなるため，言語理解に課題があると苦労します。実物や動画などを見せて事象をつかみやすくするとともに，音読やフラッシュカードなどで言語に慣れ親しめるようにします。

[算数]　計算ができない，数量感覚，図形感覚がつかめない，など限定的なつまずきが見られることがあります。認知が難しいときには無理をさせず，問題量を減らしたり答えを明示して書き写させたりして，その子なりの「できた」を感じさせてあげましょう。

[理科]　実験でのつまずきを2つ。微細運動障害の子は実験器具がうまく扱えません。道具の扱いが苦手な子には手を貸してあげましょう。グループ実験では，友達とうまくかかわれません。手順を細かく示し，誰が何をするかを決めて取り組ませるようにします。

[生活]　自由度の高い活動が多いため，ついやりすぎる子や何をしたらいいかわからない子がいます。活動の手順，きまり，範囲などを明確に伝えておきましょう。

[音楽]　微細な運動が苦手だと，楽器の扱いで適切なサポートが必要です。聴覚過敏の子は音が苦手な場合があるため，学習の場を変えることも考慮します。

[図工]　自分で考えて作品を仕上げることができない子がいます。無理強いをせず，手が止まっている時は，お手本を見せたり手伝ったりしましょう。

[家庭]　調理や裁縫で，細かい作業が苦手な子が苦労します。手本を示したりサポートしたりします。実習の際には手順や役割を明確にして進めます。

[体育]　協調運動に課題がある子は全身運動が苦手です。難易度を下げたり，できるコツを示したりして，まずは，体を動かす楽しさを感じさせてあげたいです。

[道徳]　心情理解が苦手な子にとって特に困難な教科です。表情マークを活用したり文章表現の型や書き出しを提示したりして，意見や考えを表現しやすくしてあげましょう。

[外国語・外国語活動]　聞き慣れない言葉がシャワーのように浴びせられる学習です。聴覚過敏の子にとっては辛い時間です。適切な視覚支援や環境調整が求められます。

　改訂された学習指導要領では，各教科の解説の中に，障害のある児童などへの配慮として「困難さ」「指導の工夫の意図」「手立て」が記されています。こちらも参考にしてください。ただし，目の前の子どもたちを見て判断することを忘れないようにしましょう。

(田中博司)

コラム 10　教師ならではのアセスメントの活用

　特別な教育的ニーズのある子どもの実態を適切に把握するにはアセスメントが不可欠です。アセスメントは医師やスクールカウンセラー，スクールソーシャルワーカーなどの専門スタッフと連携しながら行います。そのため，教師はアセスメントの流れをよく把握して参画することが重要です。そして，教師は他の専門スタッフが実施した知能検査などの所見から子どもの困難に関する情報を得て，適切な指導につなげます。ここでは，アセスメントの枠組みと教師としてできることについて確認します。

　子どもの実態を適切に把握するためには，**生物 - 心理 - 社会モデル**に基づいて包括的にアセスメントを実施することが重要です。子どもの実態を生物システムと心理システム，社会システムの視点から多元的に捉え，それらの相互作用について考察することで問題の所在や支援方法を見出すことが容易になります。このモデルに基づいて，アセスメントの 5 つのステップが考えられます。

　第 1 に，子どもの行動を明らかにします。自らの観察によるものだけではなく，他の教師や支援者，保護者，子ども本人からも情報を集めながら，学校や家庭などにおける子どもの日々のエピソードを記録します。その際，子どものエピソードを学習面，生活面，社会面などの観点から多面的に記録すると，子どもの行動の全体像を捉えやすくなります。

　子どもの行動の発達水準は，**適応行動検査**を用いて評価できます。**適応行動**とは，知的障害の診断基準の一つであり，生活年齢から期待される行動の水準をどれくらい満たしているかを評価するための観点です。たとえば，小学校 1 年生になって，先生の話をずっと聞き続けられるようになったか，言われなくても自分の身の回りの物を片づけられるようになったか，自分から友だちを遊びに誘うことができるようになったかなどを評価します。適応行動の代表的な検査には，Vineland-II 適応行動尺度（日本文化科学社），S-M 社会生活能力検査第 3 版（日本文化科学社）があります。

　問題行動を明らかにすることも重要です。たとえば，先生の言うことを聞かなかったり，他の人を避けたりするといった問題行動があると，適応行動の発達が妨げられてしまうことがあります。その場合には，問題行動の背景にもしっかりとアプローチしなければ，適応行動の支援が難しくなります。問題行動については，それが現れる頻度を明らかにすることも重要です。問題行動は，発達障害に基づく場合はいつも見られるのに対して，愛着障害に基づく場合はむらがあることが多いためです。さらに，自己肯定感や不安などの精神状態についても明らかにすることで支援の緊急性を知ることができます。問題行動の代表的な検査として，**子どもの行動チェックリスト**（スペクトラム出版社）があります。

　第 2 に，個人特性を明らかにします。医療機関への受診や知能検査等の心理アセスメントを通して，どのような障害特性があるかに加え，知的機能，実行機能，社会的認知などの認知特性を評価します。障害特性は，いわゆる発達障害だけではなく，知的障害についてもその存在を疑って評価を行うことが重要です。

　知的機能は，**知能検査**を用いて評価できます。代表的な知能検査として，WISC-

IV（日本文化科学社）や K-ABC-II（丸善出版），**田中ビネー式知能検査 V**（田研出版），DN-CAS（日本文化科学社）等があります。WISC-IV は，全般的な知的発達水準（全検査 IQ）に加え，指標領域（言語理解，知覚推理，ワーキングメモリ，処理速度）の観点から得意不得意を評価します。K-ABC-II は，認知能力（継次処理，同時処理，計画，学習）と習得度（語彙，読み，書き，算数）の両面から評価し，得意な認知処理様式を見つけます。

　知的機能以外の認知特性を評価することも重要です。知能検査の結果だけで子どもの行動のすべてを説明することはできません。IQ がいくら高くても，学校や家庭などの生活場面において行動上の問題を示したり，適応行動の発達水準が低くなったりすることがあります。学習障害については，**「特異的発達障害診断・治療のための実践ガイドライン」**（診断と治療社）や，教師が読み書きの正確性と流暢性を簡単に評価できる URAWSS II（atacLab）もあります。また，子どもの行動を支えている他の要因として，実行機能があります。実行機能は，目標に向かって計画的に取り組んだり，最後まで取り組み続けたりするために必要な認知的能力です。実行機能が弱いと，日々の生活で能力を自ら発揮することができずに，知的機能に見合った行動をとれなくなってしまいます（コラム 13 も参照）。社会的認知も，子どもの行動を支えている要因の一つです。表情を読んで相手の気持ちを察したり，相手の立場から物事を考えたりすることができないと，社会的に期待される行動をとることができなかったり，円滑な人間関係を築くことが難しくなります。

　第 3 に，環境要因を明らかにします。家庭環境や言語環境，生育歴などの子どもの発達に影響を与える要因を把握するとともに，支援可能な領域を明らかにします。子どもの発達を促すために，放課後などデイサービス等の地域で利用できるサービスなどについても情報を集めることが重要です。

　第 4 に，支援ニーズを明らかにします。これまでのアセスメント結果を踏まえ，子どもの困難が学習面や生活面，社会面のどこでどのように起こっているのか，発達障害などの障害特性や知的機能，実行機能，社会的認知などの認知特性が子どもにどのような強み弱みをもたらしているのか，それらの強み弱みが子どもの困難の背景としてどのようにかかわっているのか，介入できる環境要因は何かなどについて明らかにします。

　第 5 に，支援の仮説を立てます。子どもの困難がどのようなメカニズムによって生じているのかを考え，どのような支援を行えば，困難を克服するとともに，適応行動の発達を促すことができるかについて仮説を立てます。仮説に基づいて，課題や環境，かかわり方の工夫を行ったり，子どもに必要なスキルを身につけさせたりといった支援方法を具体的に考案したり，支援を実施してその効果の検証を行ったりします。

　学習面，生活面，社会面のすべてから，アセスメント結果と照らして子どもの実態を把握し指導を行うことができるのは，教師ならではなのです。教師が子どもをいかに深く理解できるかが，学習の質の保障と社会的受容の促進のために問われていると言えます。

（池田吉史）

第6章
多様なリソースの活用と連携

学校全体で組織的に特別支援教育を推進するためには，学級担任や教科担当だけではなく，学校内外で様々に連携する支援体制が必要です。特別支援教育にはどのようなリソース（連携資源）があり，どう活用されているか学びましょう。

1．小・中学校等の校内支援体制

[1] 特別支援教育における校内支援体制

　小・中学校等の通常学級における特別支援教育は，学校教育法第81条第1項で「障害による学習上又は生活上の困難を克服するための教育を行うものとする」となっていますが，障害があると診断されている子どもだけを対象とするわけではありません。通常学級には，障害との診断はされてはいないが発達障害のような様子を見せる，教育的ニーズのある子どもたちが在籍しています。

　教育的ニーズのある子どもに対して通常学級の学級担任や教科担当が一人ですべてを支援できるでしょうか。そうした子どもが学級に複数名在籍していたらどうでしょうか。学級担任等が単独で支援をすることはとても困難でしょう。「学級のことは担任である自分が何とかしなくては！」と一人で抱え込む必要はありません。子どもの課題について学校全体で共有し支援することが特別支援教育だからです。特別支援教育はその施行の当初から学校全体で組織的に支援する**校内支援体制**が整備されており，この教育の推進には校内支援体制の活用が重要です。

　なお，それには文部科学省が2017年に作成した「発達障害を含む障害のある幼児児童生徒に対する教育支援体制整備ガイドライン」が参考になります。このガイドラインには，職務別（校長，特別支援教育コーディネーター，学級担任，教科担任など）の具体的な役割や，保護者に向けた内容も載っています。

［2］校務分掌としての特別支援教育コーディネーター

　校内支援体制のキーパーソンとなるのが**特別支援教育コーディネーター**です。小・中学校全体で組織的に特別支援教育を推進する中核的な役割を担います。特別支援教育コーディネーターは，校内の教員から校長が指名して，校務分掌に位置づけられます。特別支援教育や発達障害の専門職が学校に配置されるのではなく，校内の教員の中から指名されるのです。特別支援教育の課題を一人で解決するのではなく，教職員や保護者，関係機関と連携し，チームとして課題を解決するためにコーディネートする力がある教員が適しています。

　その役割は大きく3つあります。第1は「学級担任や保護者への相談窓口」です。第2は「教育，医療，福祉等の関係機関との連絡・調整」です。後で述べる特別支援学校のセンター的機能を活用する際の連絡窓口も役割に入ります。第3は「特別支援教育に関する校内委員会や校内研修会の企画・運営」です（校内委員会については後述）。ガイドラインではより具体的に業務が示されており（表6-1），以前にも増して学内での役割が細分化され，より実効的な校内支援システムを整備する重要性がうかがえます。学級担任からの相談では，共感的な態度で話を聴いて一緒に支援を考え，必要に応じて専門家につなぐこともあります。それらの役割から，特別支援教育コーディネーターには，人と人，機関と機関をつなぎ結びつける力が必要なことがわかるかと思います。

　すでに，ほとんどの公立小・中学校等では特別支援教育コーディネーターが指名されていますが（文部科学省，2019），課題もあります。教員としての業務を行いながら兼務するため，俯瞰的な役割が望まれてはいても学校全体の各学級に目配りして子どもたちの様子を十分に観察するのはかなり大変ですし，業務の負担増などの課題を抱えていることも少なくありません。また，その課される役割から望まれる専門性の向上や，業務の継続性を保持するために前任者からの業務の引継ぎなども重要な課題です。

表 6-1　特別支援教育コーディネーターの役割の具体例（文部科学省，2016 をもとに作成）

1．学校内の関係者や関係機関との連絡調整
  ・学校内の関係者との連絡調整
  ・ケース会議の開催
  ・個別の教育支援計画及び個別の指導計画の作成
  ・外部の関係機関との連絡調整
  ・保護者に対する相談窓口
2．各学級担任への支援
  ・各学級担任からの相談状況の整理
  ・各学級担任と共に行う児童等理解と学校内での教育支援体制の検討
  ・進級時の相談・協力
3．巡回相談員や専門家チームとの連携
4．学校内の児童等の実態把握と情報収集の推進

---

［3］校内委員会

　校内委員会とは，校内に設置された特別支援教育に関する委員会です。これは，教育的ニーズのある子どもの実態把握や支援方策の検討について，教員一人が抱え込まずに済むように，全校的に関与するための体制のことです。構成メンバーは，校長，教頭（副校長），特別支援教育コーディネーター，教務主任，生活指導主事，通級指導教員，特別支援学級教員，養護教諭，対象児の学級担任，学年主任などです。必要に応じてスクールカウンセラーなどの専門職が加わることもあり，多職種連携の場になります（次項［4］の「チーム学校による多職種連携」参照）。校内委員会は，表 6-2 に示すような役割を担い，特別支援教育コーディネーターが中核になって運営します。

　また，校内委員会とは別に，個別に支援を検討する**ケース会議**もあります。

表 6-2　校内委員会の主な役割

・学校の特別支援教育についての方針や校内の支援体制を検討する。
・特別な教育的ニーズのある子どもに早期に気づく。
・支援が必要な子どもの実態把握を行い，情報を共有する。
・個別の教育支援計画・指導計画の作成を担任等に依頼し，次年度に引継ぐ。
・支援が必要な子どもへの具体的な支援策について検討する。
・全教職員へ特別支援教育の共通理解を図り，校内研修を推進する。
・専門家チームに支援要請するかどうかを検討する。
・保護者全体に特別支援教育に対する理解推進を図る。

対象児にかかわるメンバー（学級担任，特別支援教育コーディネーター，スクールカウンセラーなど）が少人数で集まり，個別の教育支援計画や個別の指導計画をもとに支援を考えます。ケース会議で検討した内容は校内委員会で報告されます。必要時に必要な人員で開けるように，校内支援体制を整備しておきます。

［4］「チーム学校」による多職種連携

　学校は，社会や経済の変化に伴って，特別支援教育や生徒指導などに関する課題が複雑化・多様化しており，教員だけでなく多様な専門性をもつスタッフと「チームとしての学校」（チーム学校）で連携して課題に対処することが不可欠です。特別支援教育は学校全体で支援する体制の構築を目指しており，すべての教員が多職種連携の観点をもち教育活動にあたることが重要です。

　専門スタッフには，特別支援教育支援員，スクールカウンセラーやスクールソーシャルワーカーなどがいます。必要に応じて，授業支援スタッフ（ICT支援員，学校司書，外国語指導助手）も連携します。また，医療的ケア（痰の吸引や経管栄養など）を行う看護師や就労支援コーディネーター（キャリア教育や就労支援で労働機関と連携）が配置されている場合もあります。

　(1)　特別支援教育支援員　　日常生活上の支援や学習支援，学習活動・教室間移動等における支援，児童等の健康・安全確保，学校行事における支援，障害や困難さに対する周囲への理解促進などを担います。

　(2)　スクールカウンセラー　　心理の専門家として，児童生徒へのカウンセリングや，困難・ストレス対処のための教育プログラムを実施し，教職員・保護者への助言や援助，教員のカウンセリング能力等の向上を図る研修を行います。

　(3)　スクールソーシャルワーカー　　福祉の専門家として，課題を抱える児童等が置かれた環境への働きかけや，関係機関等とのネットワークの構築，連携・調整，学校内におけるチーム体制の構築・支援などの役割を担います。

2．校内以外のリソースと活用：専門家・特別支援学校との連携

　小・中学校等での対応は，校内の教職員等だけでなく，学校外の専門家や特別支援学校から助言・援助を受けることができます。

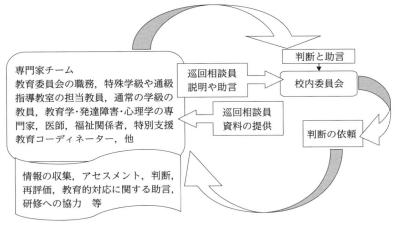

図 6-1　巡回相談員と専門家チームとの連携（文部科学省，2004）

［１］専門家との連携

(1) 巡回相談　　専門的知識を有する指導主事や教員等が各学校を巡回し，教員に対して，教育的ニーズのある子どもに対する指導内容・方法に関する指導・助言を行います（コンサルテーション）。特別支援学校教員もセンター的機能で活躍します（後述）。巡回相談員の役割には，①対象児や学校の教育的ニーズの把握と支援内容・方法に関する助言，②校内支援体制づくりへの助言，③個別の指導計画・教育支援計画等の作成への助言・協力，④専門家チームと学校の連携の補助，⑤校内での実態把握の実施への助言などがあります。

(2) 専門家チーム　　各学校等に対して，①障害による困難に関する判断，②望ましい教育的対応等についての専門的意見を示すことを目的として，教育委員会や特別支援教育センター等に設置された組織のことです。他にも，③校内における教育支援体制についての指導・助言，④保護者，本人への説明，⑤校内研修への支援の役割もあります。チームは，教育委員会関係者，教員，心理学の専門家，医師などの専門的知識を有する者から構成されています。

［２］特別支援学校のセンター的機能

特別支援学校は自校の児童生徒への教育だけでなく，小・中学校等に対して

小・中学校等の教員への支援	学級担任等を対象とした研修会

小・中学校等の教員への支援

本校の特別支援教育コーディネーターが「支援エリア（〇〇区・△△区）の幼稚園・保育園・小学校・中学校・高等高校，学童クラブ，放課後等デイサービスなどから依頼を受け，発達障害や知的障害のお子さん，学級で気になるお子さんの理解や支援の相談に応じます。またアセスメントの実施や結果の解釈などの助言もいたします。まずは，お電話でご相談ください。

例えば・・・
・個別のケース相談（必要に応じて教材紹介も行います。）
・個別指導計画の作成や個別の教育支援計画の策定の相談
・校内研修会の講師
・生活指導全体会の助言者
・保護者向け研修会の講師

学級担任等を対象とした研修会

特別支援教育の理解促進のための研修会を2日間4講座開催しています。
対象は，地域の幼稚園・保育園・小学校・中学校・高等学校等の教育関係の方です。

保護者を対象とした相談

「学習の遅れが気になる」「落ち着きがない」「集中して話が聞けない」「友達とトラブルになる」など，お子さんの幼稚園・保育園・学校での生活で心配なこと，気になることはありませんか。〇〇区・△△区在住の幼児，小学生，中学生の保護者の方が相談できる場を設けています。
相談内容については，個人情報保護に基づき秘密を厳守いたします。どうぞお気軽にご相談ください。

特別支援学校の見学

本校の施設や教育内容の見学と相談をお受けしています。
対象は，幼稚園・保育園・小学校・中学校・高等学校などに在籍するお子さんの保護者の方，教育関係者，支援者，放課後活動の指導員の方などです。
日程など詳細は，本校ホームページをご覧ください。

支援者を対象とした研修会

障害のある児童・生徒の進路や就労についての情報提供や研修会，放課後デイサービスの指導員の方などを対象とした障害理解の講演会を開催します。（夏期休業中に開催予定です。）

図6-2　センター的機能の取り組み例

助言・援助を行ったり，保護者に対して教育相談を行ったりしています。小・中学校等の特別支援教育のリソース（資源）の1つとして，特別支援学校が地域における特別支援教育の核となる**センター的機能**を担います。

　センター的機能の内容は，①小・中学校等の教員への支援機能，②特別支援教育等に関する相談・情報提供機能，③障害のある幼児児童生徒への指導・支援機能，④福祉，医療，労働などの関係機関等との連絡・調整機能，⑤小・中学校等の教員に対する研修協力機能，⑥障害のある幼児児童生徒への施設設備等の提供機能，の6機能が示されています（中央教育審議会，2005）。

　具体的には，主に小・中学校等の依頼で巡回相談を行っています。特別支援学校の特別支援教育コーディネーターが学校等を訪問し，対象児の様子を観察します。放課後，小・中学校の特別支援教育コーディネーターや教員に具体的な支援内容や方法について助言をします。「問題行動を起こすのはどんな時か」「周りの子どもたちの様子はどうだったか」などを学級担任から聴取しながら，支援について一緒に考えます。子どもたちに直接かかわる教員を支援することで，間接的に子どもたちを支援する**コンサルテーション**です。

　また，校内研修会の講師としても協力します。テーマは小・中学校等のニーズに合わせ，発達障害の理解と支援，保護者との連携，合理的配慮，障害理解教育などについて研修したり，全校での事例検討会などで助言をしたりします。

　こうした専門的リソースを活用して，子どもが在籍する各学校，そして教員が主体的に取り組むことが大切です。

［3］学校間の連携の重要性：タテとヨコ

　特別支援学校のセンター的機能は，支援地域内にある教育資源を活用する代表例です。このような，支援地域内の様々な教育資源（幼・小・中・高等学校及び特別支援学校等，特別支援学級，通級指導教室）の組み合せは**スクールクラスター**と呼ばれます。域内の教育資源それぞれが単体だけでは，そこに住んでいる障害のある子ども一人一人の多様な教育的ニーズに応えることは難しいため，スクールクラスターにより子ども一人一人の教育的ニーズに応え，各地域におけるインクルーシブ教育システムを構築していくことが重要と指摘されています。小・中学校等と特別支援学校は「支援される・支援する」という関係にはなく，お互いが地域の子どもを支える相互支援のパートナーなのです。

　一方，スクールクラスターが教育資源のヨコの連携であるのに対し，時間軸

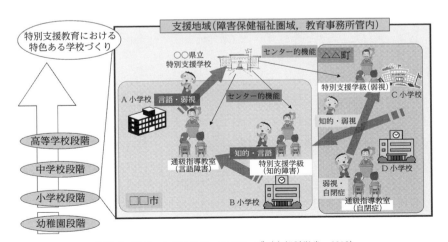

図6-3　スクールクラスターのイメージ（文部科学省，2012）

のタテの連携もまた重要です。幼稚園・保育所から小学校へ，小学校から中学校へ，中学校から高等学校へ，高等学校から大学や進路先へという移行期に，「**切れ目のない支援体制**」を整備します。ここでも個別の教育支援計画の活用によって，支援内容を着実に引き継ぎます。小・中学校等で通級指導による支援や合理的配慮を受けてきた子どもが，進学後も同じように支援を受けられるように，移行期の引継ぎを丁寧に行うことで，教育的ニーズのある子どもと保護者の不安を軽減することが重要です。

3．関係機関との連携：切れ目のない支援のためのネットワーク

　一人一人の教育的ニーズに応じた支援のため，学外の福祉・医療・地域などの関係機関とも相互に協力・連携して，支援を展開していきます。それら関係機関も，先に紹介した個別の教育支援計画の作成・活用に携わり，小中学校等を支えるリソースともなります。将来的な自立と社会参加を目指して，タテの連携（経年での情報共有）とヨコの連携（その時点での情報共有）によって，「切れ目のない支援」体制を構築することが求められています。

　関係機関との具体的な連絡・調整は，学級担任が直接ではなく，小・中学校等の特別支援教育コーディネーターが窓口となって担います。なにより，教員が一人で抱え込まずに，子どもの課題を多角的に捉えるためにも，相談できる専門的な機関の存在を知っておくことが大切です。

　以下は外部リソースの主要例です（地域によって名称や支援範囲が異なる）。

［1］福祉分野の連携

　(1) 児童相談所　　18歳未満の子どもに関する様々な相談・支援（養育，病気や心身の障害，不登校や家庭内暴力，非行など）を行う機関です。必要な心理判定や調査，知的障害の療育手帳の判定も行い，児童虐待の通告先でもあります。

　(2) 児童家庭支援センター（子ども家庭支援センター）　　地域の子育てを支援するため，児童相談所よりも身近な相談窓口です。18歳までの障害児とその保護者の相談，一般家庭の育児に関する様々な悩みなどの相談も幅広く受けられます。

(3) 児童発達支援センター　　地域の中核的な療育支援施設として，障害児とその家族の相談や療育など総合的な支援を行う通所の児童福祉施設です。未就学児向けの療育である児童発達支援，保育所等訪問支援，障害児とその家族への相談支援を一手に担い，医療提供の有無で医療型と福祉型があります。障害児の手帳の有無は問いません。

(4) 放課後等デイサービス　　障害のある学齢期の子どもが学校の授業終了後または休業日に，通所で生活能力の向上に必要な訓練や，社会との交流の促進等を行う施設です。今後いっそう学校との連携が求められています（コラム11）。

(5) 発達障害者支援センター　　地域で発達障害に総合的に取り組む拠点で，発達障害児者や家族の日常生活の支援，相談や情報提供，研修，関係機関との連絡調整等を実施しています。発達障害の可能性がある人も相談できます。

［2］医療分野との連携

　障害の早期発見，診断，治療，経過観察をはじめ，主治医として発達相談，子どもたちの精神面での悩みや不定愁訴の相談・治療等で連携します。また，養護教諭や特別支援学校のセンター的機能を活用して，地域の医療機関の情報を得ることができます。各地の相談窓口の情報は，国立障害者リハビリテーションセンター，発達障害情報・支援センター，国立成育医療研究センター（子どもの心の診療ネットワーク事業）のWEBサイトにも掲載されています。

［3］就労関係機関との連携

　学校卒業後の社会生活への移行支援も，切れ目のない支援の一環です。

(1) 地域障害者職業センター　　各都道府県に設置され，障害者職業カウンセラー，相談支援専門員，ジョブコーチ（障害者と企業に対して職場への適応や定着を促す厚生労働大臣認定資格）等が配置されています。ハローワーク・企業・医療・福祉と連携し，本人のニーズに合わせた職業リハビリテーションなど専門性の高い支援が特徴です。

(2) 障害者就業・生活支援センター　　地域の障害者の就労と生活について，継続的で一体的な支援を目的としています。保健所の管内ごとの設置で数が多く，地域に密着した支援を行っています。

（3）ハローワーク　地域の総合的雇用サービス機関として，職業紹介や就労支援サービス業務を一体的に実施しています。障害者専用窓口があり，企業に対して障害者雇用促進法に基づく障害者雇用率の達成指導育成も行っています。

（4）地域若者サポートステーション（サポステ）　働くことに悩みを抱える若者が身近に相談できる機関として，キャリアコンサルタントによる専門的相談，コミュニケーション訓練，協力企業への就労体験など，きめ細かく就労に向けて支援します。厚生労働省委託のNPO法人や株式会社などが実施します。

［4］円滑な連携に向けて

（1）特別支援連携協議会の設置について　障害のある子やその保護者が抱えるニーズや困りごとに適切に相談・支援を行うには，単独の機関だけでは限界があるため，地域に多分野・多職種（教育，医療，保健，福祉，労働等の関係部局・関係機関）による支援ネットワークを構築し，ネットワーク体制で支援していきます。教育委員会を中心にして，都道府県レベルの「広域特別支援連携協議会」と，複数の市町村にまたがった支援地域レベルの「支援地域での特別支援連携会議」とが設置されています。相談・支援の施策に関する情報の共有化や情報の提供，連携の調整や連携方策の検討，そして，地域に密着した具体的な方策の検討などを行います。

（2）家庭・教育・福祉の連携：「トライアングル」プロジェクト　支援には，行政分野を超えた切れ目ない連携，特に，教育と福祉の連携を推進することが不可欠です。文部科学省と厚生労働省による「家庭と教育と福祉の連携『トライアングル』プロジェクト」では，これまでの課題をもとに，家庭と教育と福祉の一層の連携を推進する方策が検討され，2018年に報告がまとめられました。たとえば，①教育と福祉の連携では，学校と放課後等デイサービス事業所の間で互いの活動内容などの情報が共有されにくい，②保護者支援では，発達段階別に相談窓口が異なるため相談機関がわかりにくく支援を十分に受けられないなどの課題に，対処する施策（①は両者の関係構築の場の設置，②は相談窓口の整理と情報提供など）が示されたのです。今後も，「障害のある子供とその家族をもっと元気に」のプロジェクトの精神に基づき，家庭と教育と福祉という三者の連携が強化されていくことが期待されます。

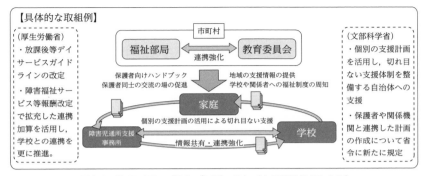

図 6-4　「トライアングル」プロジェクト（文部科学省 HP より）

(3) 切れ目のない支援のための円滑な連携　　関係機関等との円滑な連携には，子どもや家庭の情報共有が大前提です。関係機関は必ず保護者に対し，相談内容などの個人情報について，学校と情報共有してよいかを確認します。学校も保護者に関係機関を紹介する場合は，事前に情報共有の了解を得ておくことが必要です。さらに，連携による利点を丁寧に説明することも重要です。専門的な視点からの助言が受けられ，より適切な支援が切れ目なく継続されるなどです。支援に関わる機関や組織にはそれぞれ役割，強み・弱み，専門性の範囲があり，多様化・深刻化する課題に継続した支援ができるよう，チームアプローチを有効に活用することが大切です。

4．特別支援教育における連携の留意点

　最後に改めて特別支援教育における連携を整理しましょう。連携とは具体的に何をすることでしょうか。広辞苑（第七版）には「同じ目的を持つ者が互いに連絡をとり，協力し合って物事を行うこと」とあります。みなさんは，これまで誰かと連携したことはありますか。チームプレーを意識した部活動のサッカーの試合，合唱コンクールの優勝を目指して練習に励んだときなど，かかわる者が皆，同じ目的（ゴール）に向かって協力したことでしょう。

　一方，特別支援教育では校内の異なる職種や異なる職場の専門職と連携します。部活動の仲間や級友の場合と違い，連携はまず「目的（ゴール）」を一致させることから始まります。ここで，職種・職場が異なることは解決すべき課

題に対して立場が異なることでもあります。それぞれの専門性に基づいて，それぞれのアプローチで課題に対処していきます。すると，思いがけない行き違いが生じるかもしれません。言葉も習慣も従うべきルールも変わり，当たり前と思っていたことがそうではなくなるのですが，それに気づかずに，思いもよらないコミュニケーションの失敗を招き，協力しづらさを体験し，目標を見失ってしまうこともあります（前川，2010）。そうならないために，連携する相手や機関に対して，「なぜ，わかってくれないのか」ではなく「なるほど，そういう見方・考え方もあるのだな」と思えるかどうかが鍵です。子どもの現在そして未来のためというゴールに向かって，様々な視点から検討する（視点の多様化）ことが特別支援教育における連携の大切なポイントです。

（田中雅子）［1，2，4節］・**（早尾美子）**［3節］

◆━━━━━┨**【内容をまとめよう】**┠━━━━━◆

・校内支援体制のキーパーソンとなる教員が（　　　）であり，全校的な支援システムの（　　　）では，多職種が連携し（　　　）として学校を支えます。地域において特別支援学校が小・中学校等を支援するリソースとなり，（　　　）機能で連携します。
・また，学外の関係機関とも連携し，教育資源の場合と同様に，タテとヨコの両面から（　　　）体制を構築します。

◆━━━━━┨**【調べよう・考えよう】**┠━━━━━◆

・身近な都道府県にある特別支援学校を探して，その WEB サイトからセンター的機能の内容を調べてまとめましょう。そして，小・中学校とどのように連携しているかを考えましょう。
・地元自治体の教育委員会や福祉関係部局のサイトから，障害のある子への支援の連携に関する情報を検索し，学校がどう行動するかを考えましょう。

コラム11　放課後等デイサービスの実際

　放課後等デイサービスは，就学（小学校から高校まで）している障害のある子どもたちや発達に特性のある子どもたちが，放課後や夏休みなどに利用できる福祉サービスの一つです。生活能力の向上や社会交流の促進を目的に，2012年の児童福祉法の改正によって制度化されました。学校や家庭とは異なる環境での体験を通じて，個に応じた発達支援を行い，健全な育成を図ります。家庭と学校以外の居場所であることから「障害児の学童保育」とも言われます。また，働く保護者が障害のある子どもを預けられる場所や，家族のレスパイト（保護者や介護者の負担軽減を目指す仕組み）の場所としての役割もあります。

　その活動形態は，事業所によって実に様々です。身辺自立のための練習（例：服の着脱）をしたり，遊びやゲームなどを通して集団活動に参加したり，塾のように学習指導を行ったり，中には食事を提供したりするところもあります。制度化以降は民間事業者の参入により事業所数が増加したものの，事業所によっては，ただテレビを観ているだけ，ゲーム機器を渡しているだけという場所もあったため，活動内容の質や子どもたちに対する支援のあり方など専門的な質が課題として問われるようになりました。

　そこで厚生労働省は2015年に「**放課後等デイサービスガイドライン**」を制定し，それに沿って，各事業所に質の向上に取り組むように規定しました。そのガイドラインでは，まず，サービスの「基本的役割」として，障害児に対する適切な支援を保障すること，地域生活での社会参加を後押しすること，保護者支援を担うことが挙げられています。次に，「基本活動」として，①自立支援と日常生活の充実のための活動，②創作活動，③地域交流の機会の提供，④余暇活動の提供があり，その4つを組み合わせたサービスを提供することが規定されています。また，利用する子どもたち一人一人の実態に合わせて，事業所が「個別の支援計画」を作成します。それにより，個に応じた支援が受けられます。こうして，小集団の中で生活能力が向上できて社会との交流も促進できる形が整いました。

　今や放課後等デイサービスは，子どもたちが安心して過ごせる場所のひとつとなっています。そこでは，学校では見せることがなかった子どもたちの別の側面が垣間見られることもあります。たとえば，学校ではあまり目立たない子が，積極的にスタッフを手伝ったりグループでリーダーシップをとったりする場合もあるのです。大人や異なる年齢集団の中で，自分なりの立ち位置や役割を見つけて関係を築くことができたりするのです。このことから，学校という同年齢同士の学びの場とは異なり，様々な人と共に安心して過ごせる環境で，子どもたちが新たな側面や可能性を発揮できる機会になっているといえるでしょう。今後は，放課後等デイサービスの場と学校の両者が，それぞれの立場や役割を尊重し合い，子どもたちのニーズを共有しながら，将来的な視点に立って社会参加への架け橋になるように連携することが期待されます。

（早尾美子）

第7章
発達段階に応じた支援
のポイント

　特別な教育的ニーズがある児童・生徒への支援に際しては，幼児期から学校卒業後までの長期的な視点でこれを行うことが重要です。本章では，幼児期・児童期・青年期の各発達段階に応じた支援のポイントについて見ていきます。

1．幼児期の支援

[1] 障害や特別な教育的ニーズへの気づき

　子どもに障害や特別な教育ニーズがあることは，いつ頃どのようにしてわかるのでしょうか。視覚障害や聴覚障害，肢体不自由等の身体障害の場合は，生後早い段階でわかることが多いでしょう。また，1歳半健診や3歳児健診などの**乳幼児健診**で，ことばや運動発達等の遅れに気がつき，地域の保健福祉機関（**発達支援センター**等）での経過観察や，医療機関での受診につながるケースもあります。

　一方で，いわゆる「**気になる子**」と呼ばれる子ども（障害の診断はされていないものの，発達の様子や行動に特徴があり，保育者から見て気になる子）の場合，幼稚園や保育園（所）等の集団保育の場で，気づかれることが多いようです。

　以下では，気になる子の発達や行動の背景とともに，これらの子どもも含め，障害や特別な教育的ニーズをもつ幼児への支援について考えていきます。

[2] 幼児の発達や行動を理解する

　保育の場で「気になる子」とされる幼児の姿は様々ですが，ここでは典型例として2つのケースを挙げます。

　1つ目は，子どもの発達（例：言語発達，認知発達，情緒発達，感覚・運動発達など）に何かの遅れが見られるケースです。たとえば，言語発達に関して言えば，言葉の理解や産出，会話によるコミュニケーションなどに遅れが見られるというものです。

　2つ目は，明らかな発達の遅れはないものの，様々な面での行動特徴により，集団活動への参加や対人関係に難しさがあるケースです。たとえば，言語の面では，乱暴な言動や場にそぐわない言動，会話がうまくかみあわないなど，また，情緒面では情緒不安定，感情制御の難しさ，落ち着きがないなど，そして感覚・運動の面では，感覚過敏，極端な不器用などが挙げられます。

　一般に，集団保育の場では年齢ごとにクラスが編成され，各年齢の知識や技能に応じた活動が計画されるため，上記のような子どもたちは「自分だけ皆と同じことができない」「友達とよくトラブルになる」「いつも先生に叱られる」などの経験をしがちです。そして，こうした経験を重ねるうちに自信や意欲をなくし，園での生活に不安を感じるようになることもあります。

　こうした子どもの姿に気がついたら，まずは子どもの発達や行動の背景にある原因や理由を考えることが重要です。たとえば，乱暴な言動を行う子どもは，言葉の発達に遅れがあり，自分の意図や要求をうまく伝えられないため，つい相手に手を出してしまうのかもしれません。また，相手を傷つけるような言動をする子どもは，他者の気持ちを想像することが難しいために，そうしてしまうのかもしれません。そして，このような言葉の遅れや想像力の欠如の背景には，知的障害や発達障害などが関係している場合もあります。

　一方で，子どもの発達や行動特徴は，必ずしも知的障害や発達障害等が原因とは限りません。たとえば，落ち着きのなさや集中力の欠如は，生活習慣の乱れや不適切な養育環境が原因となっている場合もあります。したがって保育者は，日々の子どもの様子について丁寧に観察を行うとともに，子どもの成育歴や家庭環境，また，専門家の助言なども踏まえながら，多角的な視点から子どもの発達や行動特徴の背景を考えていくことが重要です。

［3］ 保育の場での幼児への支援

　幼児への支援の内容や方法は，子どもの状況によって様々ですが，基本的には，その子どもがより困らずに，安心して生活できるようになることを目標に，子どもへのかかわり方を工夫したり，**環境調整**を行ったりすることが大切です。

　たとえば，相手を傷つけるような言動や，場にそぐわない言動をする子どもには，どんな場面ではどんな言葉を使ったらよいかを具体的に教えるとよいかもしれません。また，先の見通しが難しいためにパニックを起こしてしまう子には，一日の活動の流れを事前に視覚的に示すことで，落ち着いて過ごせるようになる可能性もあります。さらに，注意がそれやすい子どもには気が散らないようシンプルな環境を設定する，また，興奮すると治まらない子どもには，静かで一人きりになれる場所を用意しておく，といったことも環境調整の例として挙げられます。こうした配慮によって，子どもがより安心し落ち着いて活動できようになると，本来の力が発揮され，「できた」「楽しかった」「もっとやりたい」といった気持ちにつながり，幼児の意欲や主体性を育むことができます。

　保育の場で幼児に支援を行う際には，周囲の幼児たちとの関係にも配慮する必要があります。たとえば，言葉に遅れがある幼児や，コミュニケーションが苦手な幼児は，他の幼児とのかかわりに消極的になりがちです。こうしたときに，保育者がちょっとした声かけをしたり，遊びの場を工夫したりすることで，子どもが自然と遊びの輪に入れるよう援助することが重要です。

　このようなかかわりを行うなかで，周囲の幼児が「どうして○○ちゃんだけ，皆と同じことができないの」と尋ねてきたり，「○○くんだけ先生に特別扱いされて，ずるい」と訴えてきたりすることがあるかもしれません。こうした子どもたちの素朴な疑問や想いを保育者は真摯に受けとめ，その年齢の子どもでも理解できるよう，丁寧に教えていくことが大切です。障害のある子もない子も，それぞれの違いや個性を認め合い，互いに思いやり，助け合う人間関係が子どもたちの間に築かれることが大切です。また，支援を要する幼児へのかかわりは，周囲の幼児たちのお手本にもなるため，保育者のまなざしや態度が受容的で温かいものであることは，クラスの雰囲気づくりや学級運営のうえでもたいへん重要です。

［4］　園内連携・保護者との連携

　保育の場で，障害のある幼児や特別な教育的ニーズのある幼児へ支援を行う際には，担任をはじめ，支援員や主任，園長，特別支援教育コーディネーター等を中心に，園の教職員全体でこれを進めていく必要があります。現在，多くの幼稚園や保育園（所）では園内委員会が設置され，こうした場で幼児の状況や配慮の必要性について理解がなされるとともに，今後の支援や指導について検討されています。また，これらを踏まえたうえで**「個別の教育及び保育支援計画」**や**「個別の指導計画」**（第2章参照）を作成することが求められています（内閣府・文部科学省・厚生労働省，2017）。なかでも，個別の支援計画の作成に際しては，保護者や幼児とかかわる専門機関との連携協力が不可欠です。

　保護者との連携においては，幼児の成育歴や家族の状況（家族構成，保護者の就労や健康状態，育児サポートの有無，きょうだいのことなど）について情報を得ておくことが重要です。また，日頃より連絡ノートや送り迎えの時間を利用して，園や家庭での子どもの様子（困っていること，苦手なこと，好きなこと，得意なことなど）について，園と家庭とで情報共有や意見交換を行うとよいでしょう。

　これらの過程で，保護者から子育ての悩みや不安，困りごとについて伝えられるかもしれません。その際には真摯に耳を傾け，保護者の労をねぎらい，共感的理解を示すことが大切です。保護者との信頼関係を十分に築いたうえで，状況に応じて専門機関につないでいくことも必要でしょう。こうした日々のやり取りを通じて，保護者の気持ちが安定し，園との間に信頼関係が生まれると，子どもの気持ちも安定し，園や家庭でより安心して過ごせるようになります。

［5］　専門機関との連携

　幼児への支援を行ううえで，各専門機関（医療・福祉・保健機関等）との連携は欠かせません。たとえば，医療機関を受診している場合は，診断や治療内容，生活上の配慮等について情報を得ることが重要です。また，福祉施設での児童発達支援サービスや，療育施設を利用している場合は，そこでの支援内容や子どもの様子について情報を得ておくと，今後の保育や支援を考えるうえで役立ちます。また，地域の巡回相談支援員や，特別支援学校の教員などから専

コラム12　障害受容と家族支援

　乳幼児を育てるのは，誰しも不安を抱えるものですが，子どもに障害があれば，より多くの不安や困難があると思われますので，保護者への支援が不可欠です。ここでは，乳幼児期における家族支援（保護者および対象児の兄弟姉妹）について，見ていきましょう。

　親がわが子の障害を受容する過程は**障害受容**と呼ばれ，いくつかのモデルが提唱されています。有名なのがドローター（D. Drotar）らの段階説で（先天奇形の子どもに対して），①ショック，②否認，③悲しみと怒り，④適応，⑤再起（⇒障害受容）の段階に至る，としています。それに対し，オーシャンスキー（S. Olshansky）は慢性的悲哀という概念を唱えています。それは，表面的には明るく見えても内面には悲哀を抱えており，就学などの節目のたびにその感情に繰り返し苦しむ，という説です。中田（2009）はそれらを統合し，障害への肯定と否定の気持ちが表裏のように入れ替わる螺旋形モデルを提唱しています。

　一方，診断までに長い期間がかかる発達障害の場合は，保護者の障害受容の心理過程はこれらの従来モデルでは説明は困難であり，その障害受容はショックよりも「わが子が何か他の子どもと違うものを持っているのではないか」という「不安」から始まる，と知られています（市川，2017）。本文にあるように，乳幼児健診で障害が早期発見されることが多いのですが，実は，発達障害児の保護者の多くは，診断や他者からの指摘よりも前に，わが子の特性に気づいている，との調査結果もあるそうです。そのため，乳幼児健診では，まずその悩みや不安を受けとめることが，保護者との信頼関係を作る一歩となります。保護者はわが子の障害がなかなか認められず，そうできない自分自身も許し難く，複雑な心情にあります。したがって，保護者が孤立しないよう支援していくことが不可欠です。

　育児に難しさを感じる家族に対する段階的な家族支援があり，前向きな気持ちになって子どもとのかかわり方を学んだり，精神面のケアが行われたりしています。**ペアレント・プログラム**は保育士や保健師などの地域の支援者が行う簡易なグループプログラムで，発達障害に限らず，育児の様々な悩みをもつ保護者が育児に前向きになることが目標です。一方，ペアレント・トレーニングはより専門的な支援で，保護者が子どもの行動を観察して特徴を理解し，発達障害の特性を踏まえたほめ方や叱り方などを学んで，子どもの問題行動を減少させることが目標です。また，ペアレント・メンターは，発達障害児の子育て経験者が，育児経験を活かし，その診断を受けたばかりの保護者に相談や助言を行います。

　さらに，障害児と共に暮らす兄弟姉妹への**きょうだい児支援**も重要です。きょうだいは，親が障害児の方に注意が向きやすいことで孤独感を抱いたり，良い子でいなくてはとプレッシャーを感じたり，それを言葉にすることも遠慮してしまうなど，特有の多くのストレスを抱えていることが指摘されています。教師は学級のきょうだい児に日頃から声掛けし，安心して自分の気持ちが承認される場を作るように心がけることが大切です。

（柏崎秀子）

表7-1　就学支援シートに記入する内容の例

項目例	記載例（おもに，本人の状況や必要とする配慮・支援）
成長や発達	生育歴，家庭や集団生活における成長や発達のようす
日常生活	排せつ・食事・衣服着脱・移動などの自立度と介助の必要性
健　康	病気や障がい，体質（ぜん息やアレルギーなど）と生活上の配慮
対人関係	人との関わりや集団への参加，コミュニケーションのようす
興味・関心	興味や関心のあること，好き／苦手な活動，得意／不得意なこと
関わり方・環境調整	困難や不安を軽減するための関わり方の工夫や環境調整，指導の内容や方法，パニックになったときの対処法など
医療機関	受診歴や治療内容，服薬の内容，生活上の配慮など
保健・福祉機関	これまでの相談内容，療育内容，発達の課題，療育手帳・障害者手帳の有無とその内容（障害の種別や程度）
保護者の要望	就学後の生活に関する保護者の要望や期待など

　門的助言を得ることも重要です。その際には，実際に保育の場での子どもの様子を参観してもらい，それらを踏まえたうえで，今後の支援や指導について助言を得るとよいでしょう。

　最後に，就学に際しては，幼児が新たな小学校生活に円滑に移行していけるよう，幼稚園や保育園（所）は就学先の小学校や特別支援学校と連携を行う必要があります。その際，先に述べた支援計画や指導計画，また，**就学支援（移行支援）シート**等を活用するとよいでしょう。就学支援シートは，子どもの状況や必要な支援について就学先の学校へ知らせるためのもので，子どもの在籍園と保護者が協力して作成するとよいでしょう（表7-1）。これらを活用しながら，子どもの成育歴や家庭の状況，これまでの支援や指導の内容，子どもの学びや成長の過程について学校側に伝え，どうしたら子どもがより安心して新しい生活に移行していけるのかを，在籍園と進学先の学校が協力し合って検討していくことが重要です。

2．児童期の支援

[1] 低学年（1，2年生）の指導・支援

　(1) 児童像と支援のポイント　遊び中心から学習中心の生活へと変わり，自己中心性の特徴を残しつつも，身の回りことを自分でできるようになり，周りの友達や大人と進んでかかわります。一方，いわゆる**小1プロブレム**として，

基本的生活習慣が身についていない，授業に集中できない，友達とうまくかかわれないなどの問題を抱える児童の増加が近年注目されています。社会状況の変化や価値観の多様化などがその要因として考えられていますが，学校においては，幼児期からの移行を意識した支援，受容的・共感的な指導が求められています（田中，2020）。学童期の基礎を固めるために，学級担任，特別支援教育コーディネーター，支援員，養護教諭，栄養教諭等が連携し，早期に具体的な取り組みを始めることが低学年の指導・支援の要となります。

(2) 生活面　基本的な生活動作の習得は，家庭生活や幼稚園，保育園での活動のなかでも行ってきていますが，小学校では，より速く，丁寧に自分の力で行うことが求められます。そのため，姿勢の保持，配膳や食事，清掃，身支度，交通安全などのルールやマナーを守って生活することに苦手さが目立つ場合があります。これらは，発達の偏りから困難が生じても，しつけが足りないだけという誤解を受けてしまいがちです。そこで，動作一つひとつを教えて確実にできるようにしていくというスタンスを基本にします。自分の力でどれくらいできるかを把握し，学級指導や生活科・道徳の学習等を通して，丁寧な説明を重ね練習を課し，定着化を図ります。

また，感覚過敏・鈍麻，強いこだわりなどの特性を有している子については，低学年のうちから保護者と連携して実態を把握し，支援に取り組むことが大切です。体調や気分によって過敏さやこだわりが大きく左右されることを踏まえたうえで，「無理強いをしない」「原因となる刺激を取り除く」「刺激を避けるためのアイテムを利用する」「心の準備ができるように事前説明をする」「ある程度のルーティンは許容する」などの具体的な手立てが考えられます。

(3) 学習面　具体的操作期への移行期であり，周りの人や自然環境などへの関心が大きくなるとともに，活動や体験を通して学ぶようになります。「声に出して文を読む」「実際に手や体全体を動かしてやってみる」「数図ブロックを動かす」「教師の実演を見て一緒にやってみる」などの活動により，理解が促されます。読む，聞く，書く，話す，動くなどの多彩な活動を授業展開に取り入れることは，落ち着いて授業を受けることに苦手さのある子にとって，集中を保つための工夫ともなります。特に低学年の学級においては，すべての子にとってのわかりやすさに直結することから，ユニバーサルな授業づくりと言

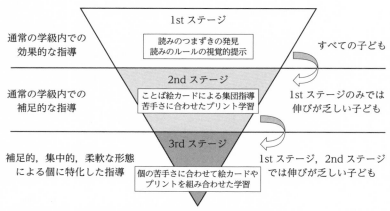

図7-1　通常の学級における MIM の多層指導モデル（海津ら，2008 をもとに作成）

えるでしょう（第5章参照）。

　他には，拗音，撥音，長音といった特殊音節の読みや単語をまとめて認識することに苦手さがあり，間違った読み方で覚えたり，逐次読みになったりする子もいます。この苦手さは，すべての学習領域に影響を及ぼすと考えられており，スクリーニングと具体的な指導のために，**多層指導モデル MIM**（Multilayer Instruction Model; 第4章参照）を国語の学習において活用する学校もあります。

　学校行事については，保育園や幼稚園に比べ小学校では規模が大きくなります。練習の場所や状況によっては，集団に入れなかったり，落ち着かなくなったりする子もいます。その場合は，安心できる場所でみんなの様子を見たり，教師や支援員の説明で理解したりするなど，部分的な参加や，集団の周辺で本人なりにできることをするなど，多様な参加の形を認めることも大切です。

［2］中学年（3，4年生）の指導・支援

　（1）児童像と支援のポイント　　運動や知的な能力は大きく発達し，自分の言動や周りの物事をある程度客観的に捉えられるようになります。自分の考えも明確になり，できることが増えて**自己肯定感**をもちはじめる時期です。一方，生活や学習の変化に伴い，中学年の子どもが直面する課題や困難は「9歳の

壁」と呼ばれており，発達の個人差が顕著になってくる頃です（子どもの徳育に関する懇談会，2009）。低学年で培った基礎をもとに，生活力や学力の発展と学校生活への意欲や自信の向上を促し，高学年への橋渡しをすることがポイントになります。

(2) 行動面　　いわゆる**ギャングエイジ**の段階に入り，5，6名程度の親しい仲間でグループを構成し，自分たちできまりをつくって遊びます。徐々に活動が複雑化してくると，必然的に「暗黙の了解」が増えます。しかし，それを理解できない子は，うまく遊びや活動に参加できない，良好な友達関係が築けないという状況が生じる場合があります。また，勝敗に過度にこだわったりする子もおり，一番になるまで勝負を続けようとしたり，自分に有利なようにルールを変えたりすることもあります。このような子たちには，暗黙のルールや勝敗の決め方をイラストや文章などを用いて視覚化し，具体的に説明することが欠かせません。想定されるトラブルを回避できるように普段から指導することもあれば，トラブルが起きてしまったときに，振り返りとして指導することもあるでしょう。

(3) 学習面　　中学年では，**論理的思考**が必要とされ始め，思考や人間関係の広がりを考慮した学習指導を行うことが基本になります。国語の心情や要旨の読み取り，算数の小数や分数，理科の電気のはたらきなどのように，具体物としてイメージしにくい内容が増えてきます。理解が難しい内容については，学習計画の提示や学習課題の明示等で見通しをもたせるとともに，具体的な操作や図式化を説明に取り入れたり，基礎的な問題の反復練習を課したりして，確実に学習内容の定着を促して高学年につなげていくことが大切です。

　また，三角定規，分度器，コンパス，筆，リコーダーといった用具の操作が教科学習の中でたくさん出てきます。不器用さのある子は，これらを使いこなすことに困難が生じるでしょう。準備と練習の時間を十分に確保する，持つところや押さえるところに目印を付ける，擬音語や比喩などのリズムのよい合言葉を使うなど（平行を三角定規で書くときに「エレベーターがまっすぐ2階に上がれるようにきっちり押さえて」など）が工夫として考えられます。

［3］高学年（5，6年生）の指導・支援

（1）児童像と支援のポイント　　こころとからだが急速に成長し，一段と大人に近づきます。自律的な態度が発達し，自分の言動を自ら判断したり，他者視点に立って物事を考えたりできるようになります。一方，友達との成績や能力の差に気づいたり，周囲の目を気にしたりすることも増え，**自己肯定感**が下がる時期でもあります。うまくいっているように見えても，無理をし続けると心身のバランスを崩してしまう可能性もあります。自己理解を深め，苦手さだけでなく，良さや強みを自覚することが大切です。さらには，困難な状況を打開するための対処方法（手立て）を本人が知ったり，周りの人に**援助希求**を出せるようになることが大切です。

（2）行動面　　趣味や関心が共通する気の合う友達ができる一方，自分とは違う友達に対して排他的な態度をとることも出てきます。自分の価値判断に固執したり，他者視点が取れなかったりして，周囲の人から自分本位と捉えられかねない言動をとってしまうこともあるでしょう。意見の折り合いのつけ方，互いを認め合える方法，相手を傷つけずに行う自己主張，ストレッサーとその対処法等は，**アサーショントレーニング，ソーシャルスキルトレーニング，ストレスマネジメント教育**等を用いると，効果的に学べます。また，特定の友達グループに所属して過ごすことを苦手とする子には，普段から落ち着くことができる状況や場所などを保障し，個性を認め合える人間関係の構築を図ります。また，高学年になると，一つのことをやり続けられなかったり，ボーッとしていて話を聞いていなかったりするような注意の転導性の激しさや持続の困難さが目立つ場合があります。そこで，①重要な連絡や学習のまとめをする際の合図を決めておく，②ノートやICT機器を活用して文字，写真，音声，動画でメモをとらせる，③作業の手順表を提示する，④準備物や家庭学習の管理は保護者と緊密に連携してサポートする等の具体的な取り組みが考えられます。いずれにしても，本人が効果的に感じる，あるいは，納得のいく方法を自分で選択することが重要です。

　なお，第二次性徴期を迎えて，身体が変化していくことに対して意識が追いつかない子や好きな人に対して距離感がつかみにくい子もいます。性に関する指導は，担任，養護教諭，家庭が連携して，計画的に進める必要があります。

(3) 学習面　　抽象的，論理的に思考する力がさらに高まるとともに，様々な能力を統合して課題に取り組むような学習場面が増えます。一方，認知能力に偏りのある子は，学習上のつまずきがより顕著になります。算数の学習では，単純な計算だけでなく，式の途中に通分や約分が必要になるなど，手順や方法が複雑になることによって理解が難しくなります。そのような場合，図7-2のように，教科の系統性を利用し，どの段階でつまずいているのかを見極め，少人数指導や個別課題などでさかのぼって習熟を図ることが必要です（東京都教育庁指導部，2010）。他の教科においても同様です。

　不注意傾向の強い子は，高学年になり，問題数や文章量が増えたり，課題を解く速さと正確さがより要求されたりすることで，読み飛ばしやケアレスミス，ノートを書くことが間に合わないなどの困難が多くなります。小数点の移動や約分などの印の付け方をルーティン化する，回答の見直しを習慣づける，タブレット端末で板書を撮影するなどの手立てが考えられます。始めは教師と一緒に行い，徐々に自分に合わせた学び方を知り，最終的には自分で手立てを選択できるようになることが大切ですから，そうするように導きます。

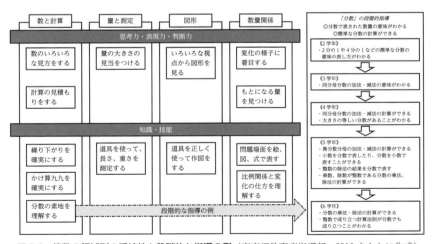

図7-2　算数の領域別の系統性と段階的な指導の例（東京都教育庁指導部，2010をもとに作成）

コラム 13　実行機能と愛着から捉えた発達障害の支援

①学習活動への取り組みを支える：実行機能

　学習活動にうまく取り組めない背景の1つに，実行機能の弱さがあります。実行機能は，自分の思考や行動を意識的にコントロールする脳機能のことであり，学習活動に効率良く取り組んだり，粘り強く最後まで取り組んだりするために必要です。実行機能には様々な能力が関わっています。1つ目は**プランニング**で，頭の中で現在から未来に向かって時間軸を描き，どのタイミングでどの行動を実行に移すかを考える力のことです。2つ目は**ワーキングメモリ**で，作業中に必要な情報を頭に留めておく能力です。3つ目は**抑制**で，関係のないことに気が取られないようにする力です。4つ目は**シフティング**で，思考や行動を柔軟に切り替える能力です。5つ目は**感情コントロール**で，気持ちを抑えたり高めたりする力です。実行機能が弱いと，学習活動への取り組みが妨げられるだけではなく，頭の中だけで複数の事物をイメージしたり，関連づけて考えたりすることも難しくなります。

　その弱さを補って，子どもが学習活動に適切に取り組めるようにします。その支援の流れを見ていきましょう。まず，目標を設定します。目標となるのは問題行動の代わりにとるべき行動です。次に，環境レベルの支援です。たとえば，帰りの会に「れんらくちょう→かばん→ちゃくせき」のように，すべきことを順に示す手順表を示して，負荷を子どもの段階にできるだけ合わせます。そして，弱さを補う方法を習慣化させます。たとえば，手順表はワーキングメモリを補えるため，いつも手順表を見ながら取り組むよう習慣を形成させます。最後に，方法を学ぶことへの動機づけを高めます。その方法を使えばちゃんとできると感じられるようにするのです。そうすれば，最初は手間で面倒に思えても，継続して弱さを補う方法の活用と習得に取り組めるでしょう。

　実行機能に関する能力のどこが弱いかによっても，異なった支援の仕方が考えられます（下表参照）。プランニングが弱い場合は，何をしたらよいかわかるように，手

表　実行機能の観点から捉えた困難と支援の例

実行機能	困難例	支援例
プランニング	・何から始めてよいかわからない ・考えなしに行動する	・目標を明確にする ・スモールステップで手順を示す
ワーキングメモリ	・必要なことを忘れる ・次に何をするかわからなくなる	・手順の覚え方を考えさせる ・必要な道具だけ準備させる
抑制	・妨害刺激につられる ・関係のないことを考え続ける	・妨害刺激を減らす ・教師が監督する，見守る
シフティング	・別の考えに切り替えられない ・頭でわかっても同じ行動をする	・課題や順序に選択肢を設ける ・望ましい行動を確認する
感情コントロール	・うまくできないと癇癪を起こす ・誘惑に負けやすい	・クールダウン方法を共に考える ・目標を設定し，事後に振り返る

順を示したりどこまでやるかを伝えたりする（例：「音読が2回終わったら先生に教えてください」）ことが重要です。ワーキングメモリの点では，途中で手順を確認したり，手順の覚え方を一緒に考えたりします。抑制が弱い場合は，妨害刺激を減らしたり（例：教室の掲示物を減らす），行動する前に考える時間を与えたりします（例：「先生はやることをいくつか言いましたね。最初に何をしますか」）。シフティングの点では，教師が言ったやり方だけでなく，本人のやり方でも取り組めるように，課題や順序に選択肢を設けます。感情コントロールの点では，クールダウンの方法を一緒に考えたり，目標設定や振り返りをしたりして，達成感を感じやすくします。

　また，外的なツールを活用することも重要です。すべきことを確認できるチェックリストを活用する，こまめにメモ書きするなどの習慣を身につけさせるとよいでしょう。さらに，スキル習得の動機づけを高める，たとえばメモ書きができたらシールなどのポイントがもらえ，ポイントがたまったらご褒美と交換できるようにすることも有効です。始めはご褒美がほしくて取り組むかもしれませんが，だんだん上手に取り組めるようになってくると，活動に取り組むこと自体が楽しくなることが期待できます。達成感をもたせたり，自己決定感をもたせたりすることも，子どもの意欲を高めるために重要です。

②人とのかかわり方を教える：愛着の形成・修復

　対人関係を改善する支援の1つとして，愛着の形成・修復があります。愛着は，特定の人と結ぶ情緒的な心の絆と定義されます。自分の欲求をうまく伝えられるために，より適切な方法で人とかかわれるために，教師が安全・安心・探索の基地となって，人とのかかわり方を知り，かかわりを広げていく核になることが大切です。子どもの感情理解や感情コントロールの発達を促しながら，関係を築くために他者にどのように働きかけたらよいのか，他者からの働きかけをどのように受け止めたらよいのかを教えることが重要だと考えられます。

　そのポイントの1つ目はキーパーソンの決定です。この先生なら，自分の気持ちをよくわかってもらえる，自分の気持ちに応えてくれると思われるような教師になることが重要です。2つ目は子ども主体・大人主導で活動に取り組ませることです。この先生なら「本当にしたかったことを見つけて一緒にやろうとしてくれる」と思えるように，活動させます。

　3つ目は感情のラベリング支援です。活動を振り返って，何をしたら，何が起こって，どんな気持ちになったかをつなげて理解させます。教師と一緒に振り返ることで，ネガティブな気持ちが和らぎ，ポジティブな気持ちが高まるという安全や安心を感じる経験を重ねます。4つ目は他者との関係づくりです。教師は子ども本人と相手の子どもとの間でコミュニケーションの橋渡しの役割を担います。まずは，両者の間に入って，気持ちを通訳し，必要に応じて行動の歯止めを行います。そして，両者のかかわりを見守りながら，必要に応じてコミュニケーションの修正を行います。最後に，教師がいないところで両者のかかわりを設定し，起こった出来事について報告をする経験を重ねて，良好な関係がつくれるようにします。

（池田吉史）

3．思春期・青年期の支援

［1］子どもから大人への移行期の課題

　思春期・青年期は子どもから大人へと移行する時期です。様々な側面で児童期と質的に異なり，自分とは何かに思い悩む**アイデンティティ**の確立という発達課題のもと，自己に関心が向くようになります。しかし，それが教育的ニーズのある子どもたちには様々な困難の直面につながります。

　（1）**身体的変化**　　思春期は，量的に発育の急進期を迎え，質的にも**第二次性徴**という性的成熟が始まり大きく変化していきます。「身体は大人だが心は子ども」のアンバランス状態で身体変化に心が追いつかず，驚きや戸惑いや不安を引き起こします。身体変化は個人差が大きいため，他者と自分を比較することが増えて，他者に自分がどう映っているかと，身体変化が自己への関心を促します。しかし，発達障害の傾向がある子どもにはその変化自体が大きなストレスであり，他者との比較によって自己肯定感が低下することもあります。

　（2）**自己意識**　　この時期は自己の内面に関心が向くようになり，理想と現実の自分，自分が捉える自己像と他者に映る自己像などの違いに思い悩む時期です。発達障害のある生徒達も，周囲からの評価が気になり始めますが，その特性から思い込みが強く自己像が歪みがちです。特に，ASD 傾向の人は「全か無か」の極端な判断をしやすいため，自分の欠点を見つけると，自分の存在自体を全否定しがちです。また，「自分の行動がクラスメートと同じかどうか知りたい。でも，知りたくない，知るのが怖い」との相反する 2 つの気持ちが同時に混在して，生きづらさを抱えています（田中，2015）。

　（3）**学習面**　　中学になると学級担任制から**科目担任制**に変わり，定期テストもあって小学校とは大きく異なります。認知発達では具体的操作期から**形式的操作期**へと進み，論理形式に基づいた推論による抽象的な思考力が発達する時期です。それに応じて学習の内容や方法も難しくなり，丸暗記では対処できず，より高度な認知スキルが必要になり，つまずきがちです。また，教科担任制では学級担任と接する機会が少ないため生徒の特性が把握されにくく，授業ごとに異なる教員がそれぞれの指導基準でかかわると，生徒が混乱しがちです

（例：ある行動が叱責されたりされなかったりで，どうすべきかわからない）。発達障害がある生徒は環境の変化への対応が苦手という特性があるため，学習環境の変化にうまく対応できないことが多いですし，失敗経験が積み重なると，自己肯定感が低下して，「自分は何をやってもだめだ」と**学習性無力感**に陥りがちです。

　なお，**中1ギャップ**という語も見かけますが，実は明確な定義はなく，その前提となる事実認識（いじめや不登校の急増）の実態はさほどでもなく，中学校で顕在化する問題も，小学校段階から予兆が見えていたり問題が未解決だったりするようです（生徒指導・進路指導研究センター，2020）。ですから，小・中の円滑な引継ぎや中学校教員同士の連携など，教師の対応が鍵と言えるでしょう。

　（4）対人関係　　親子関係から友人関係中心へと変わっていく時期です。親との関係もそれ以前と変わり，**心理的離乳**と言われるように，親から自立したい欲求が高まりますが，一方ではまだ親に頼りたいし離れる不安も感じます。甘えと反発，依存と自立などの両価性が強く，誰にとっても難しい時期ですが，障害があればなおさらストレスでしょう。そして，不安を抱える子ども同士が安心感を得ようと行動を共にし，友人関係が強くなっていく時期です。

　しかし，発達障害がある生徒は友人関係を深めたくても，「変わっている，どこかみんなとずれている」と周囲から見られ，自分も違和感に気づくようになるものの，なぜかはわからず，不安とつらさを抱えがちです。さらに，中学から高校に進むと，近隣ではない新たな友人との間で以前とは異なる関わりが求められ，いっそう大変になります。こうして，親子関係も友人関係もうまくいかず，本来なら独立に向かうはずが，孤立の始まりとなることが多いのです（図7-3）。

　自分の思いがなかなか相手に伝わらないことから生ずる社会性の問題が発達障害傾向の人の大きな課題です。男子は他者との関係が築けないと，引きこもりがちです。女子は障害特性が目立ちにくく問題なさそうに見えても，実は周囲に合わせようと必死に頑張り，ストレスで心身の不調など二次的問題につながったりします。

　（5）二次障害　　障害による困難さに対して周囲から不適切な対応をされて，

図 7-3　発達障害のある人の思春期の状態（田中，2015 を一部改変）

失敗経験や対人関係トラブルなどが積み重なると，自己肯定感も意欲も低下して，物事に回避的否定的になり，情緒や行動の**二次障害**が生じがちです。こうしたことは青年期以前にも見られますが，自己意識が高まるこの時期に深刻化します。不登校やひきこもり，不安・気分障害（抑うつ）・摂食障害などの様々な精神疾患や，非行や暴力などの批判的・攻撃的・反社会的行動を示すため，二次障害を防ぐ支援が必要です。

［2］支援ポイント

（1）支援の原則　　肯定的な接し方で，失敗や苦手ばかりに注目せず，前向きに物事に取り組めるようにすることが大切です。本人の話を受けとめ，うまくできたことを認めたうえで，「〜〜するといいよ」と具体的に伝える対応が望まれます。信頼感がもてて安心できる人的環境と，居場所となる生活環境で，二次障害を防ぎます。取り組む課題はスモールステップで，一段ずつ成功した体験が得られるよう支援します。

（2）学習面　　学習でできないことが増え，不安やストレスを感じたり自己肯定感が低下したりしないような適切な指導が必要です。学級全体にはユニバーサルデザインの観点を取り入れた指導の工夫（第 5 章，表 5-1 参照）で，書く負担を軽減するプリント教材，言語情報を補足する視覚的な教材，内容を整理した板書など，見通しがもてて誰もが学びやすい授業を心がけます。そのうえで，個々の実態に即した指導を行います。得意な能力で苦手を補う長所活用型の学び方を取り入れる（例：同時処理が得意なら全体を把握してから細部へ），タブレット端末などの情報機器を文房具として活用する（例：手書きの

代わりに機器でノート作成）など，合理的配慮の観点から，今後はこのような**個別最適化**の対応が望まれます。

　なお，思春期の子どもは自分だけ個別指導されることに敏感ですから，自尊感情を傷つけない配慮も大切です（例：配布プリントは同じ用紙に「皆が取り組む問題」と「もっと頑張りたい人の問題」の両方を配置し，別々にしない）。また，他者との比較ではなく，自分で自分自身の学習を**振り返り**，よくできた所やどこでどのようにつまずいたかなどを考える**個人内評価**を続けることで，自分の良い点や苦手が受容できるようになると，より効果的に学べるでしょう。

　(3) 心理・社会面　　失敗経験の積み重ねや対人関係のトラブルなどで，意欲や自己肯定感が低下しがちなため，自己に意識が向く時期だからこそ，肯定的な自己理解が持てるようにすることが大切です。二次障害は環境との相互作用の悪循環によって悪化するため，支援の原則で述べたように，信頼感のおける人的環境（人間関係）と安心できる居場所となる生活環境を整えるようにします。「自分はできそうだ」と思える**自己効力感**を育むこともポイントです。小さな成功体験の積み重ねに加え，失敗しても自分なりの対処法で切り抜けられる経験や，困った時に相談し助言を受けることで成功した経験もするように支援します。ストレスに対処できるよう，自分なりの気分転換やリラックスの方法を見つけることも大切です。

　自己の意思を適切に伝えたり他者の気持ちを理解したりする難しさの克服を支援するには，よりよく適応するスキルの学習も有効です。怒りをコントロールする**アンガーマネジメント**，円滑な意思伝達のための**アサーション（自己主張）**や他者とのかかわり方に関する**ソーシャルスキルトレーニング（SST）**などがあります。学校全体で取り組むことで，学級集団づくりにも効果をもたらします。

　また，本人への支援だけでなく，周囲の級友たちが障害について学び，多様な個性のある仲間を受容できる環境づくりも重要です。友人関係が大事なこの時期だからこそ，共に過ごせる仲間の存在が安心や自己理解につながります。

　さらに，保護者への支援も重要です。子どもの身近にいる保護者には不安や焦りがあるはずですから，適切な対応ができ，我が子の特性を受容して肯定的に受けとめられるように，支援することが望まれます。

［3］自己理解から自分に合った生き方へ

　肯定的な自己理解をもつことは，二次障害を防ぐためにも，また，学校卒業後の生き方を考えるためにも重要です。近年，**自己理解プログラム**の取り組みが増えつつあります。同じ特性をもつ同年代の小集団の中で，体験や思いを共有しながらお互いの共通点を認識し，それが自分らしさの自覚を促し，仲間からも承認されて，自己理解を深めていくのです。たとえば，知的障害者の自己理解プログラムの一つでは，①障害の理解，②自分を肯定的にみる，③発言力をつける，④わかりやすい情報を得る，⑤必要な時に手助けを頼める，などの活動で構成されています（山田，1995）。数日間の合宿型のプログラムもあり，思いを共有する仲間と安心できる環境で活動に取り組みます。最近では，学校でも肯定的な自己理解の取り組みが行われ始めています（表7-2）。そして，自己理解は自らの**権利擁護（セルフ・アドボカシー）**にも役立ちます。社会参加していくために，「このような支援をしてもらえれば大丈夫」と自らの特性を把握して，必要な時には自分から支援を要請できるスキルを身につけるとよいでしょう。

　自己理解を深めることは，**自己決定**，そして，自己の**キャリア意識**を育むことにもつながります。中学から高校への進路選択の際，自己理解に基づいて，どのような学校が自分に合っているかを検討して選ぶことが大切です（コラム14参照）。そして，学校卒業後の進路選択や就労など，その後の生き方にも自

表7-2　**肯定的な自己理解プログラム例**（宮城県教育庁，2016をもとに作成）

主目的	個々の目的	具体例
振り返り	客観的に自分を知る	長所・短所，趣味，将来の夢などの観点で書くエゴグラムや進路適性検査を利用する
	自分の気持ちと解決方法を知る	うまくできなかった行動とその気持ちを分析し，解決策を見つけて，生活に活かす
自分の良さを知る	相互理解の中で自分を知る	他者紹介，教員の賞賛，学習中の相互評価などで，自分に気づく機会を増やす。
	自分の努力や成長に気づく	他者が努力や成長を理解できる言葉かけをする
	自分の良い面が理解できる	自分の特性への見方を変えて，長所と捉える
なりたい自分に対峙	自己理解や現状把握の程度を知り，現実と折り合う。	どんな仕事に就き，何をしたいかを書いて，希望に寄り添いながら，現実との折り合いを探る

己理解が大きく関与します。単に好きだからではなく，自分の苦手や得意を理解したうえで，自分に合った職業や生き方を自分で選ぶようにします。それには，中学・高校の段階からキャリア意識を形成させる**キャリア教育**が有効です。自己理解を深め，適切な自尊心を維持し，生き方がイメージできるような教育的な支援が求められます。

（江尻桂子）［第1節］・（田中　亮）［第2節］・（柏崎秀子）［第3節］

◆━━━━━━━━━━【内容をまとめよう】━━━━━━━━━━◆

・障害への気づきは1歳半や3歳の（　　　）がきっかけになり得ますが，診断がないが発達に特徴がある（　　　）の場合は，その行動の背景を考えることが重要です。幼稚園や保育園（所）では支援や指導で，個別の（　　　）や指導計画の作成・活用が求められます。また，就学に際しては，（　　　）等を作成し，必要な支援や指導内容等を就学先の学校へ知らせるとよいでしょう。
・学童期は学年段階を踏まえた支援が重要です。低学年は幼児期からの移行を意識した（　　　）を防ぐ生活全般の支援，中学年は具体物を活用した（　　　）思考の発達や（　　　）で知られる人間関係の広がりを考慮した支援，高学年は困難な状況を打開するために自分に合った（　　　）を知ることが大切です。
・思春期・青年期は大人への移行期で，性的成熟である（　　　）をきっかけに（　　　）に関心が向きますが，発達障害のある子は親子関係も友人関係もうまくきにくく，独立でなく（　　　）の始まりになりがちです。肯定的な接し方で（　　　）障害を防ぎ，自分の特性を知る（　　　）を深めるよう支援します。

◆━━━━━━━━━━【調べよう・考えよう】━━━━━━━━━━◆

　幼稚園（保育園）・小学校・中学校・高等学校でどのような支援が行われているか，自治体や公的なセンターなどのサイトを検索して，支援の様子を調べましょう。そして，教師や級友がいかにかかわったらよいかを考えましょう。

コラム14　自分に合った学びができる高校への進学

　昨今，教育的ニーズのある生徒に配慮した高校も増えており，その人が生き生きと学べる場を選ぶことができるようになってきています。ここでは，東京都の公立学校などを例に様々な学校を紹介します。

　エンカレッジスクール　学び直しなどに意欲や熱意をもつ生徒のやる気と頑張りを応援（エンカレッジ）する学校です。基礎・基本的学力を身につけるために基礎学習を中心に体験学習や選択授業を大幅に取り入れています。学力検査によらない入学者選抜を行っています。きめ細かい指導を行うため2人担任制を導入したり，1年次は生徒が集中を維持できるように30分授業を取り入れたりしています。

　チャレンジスクール　自己実現に向けてチャレンジするための学校です。不登校経験がある生徒や長期欠席などが原因で高校を中途退学した人などを受け入れています。学力検査や中学校からの調査書によらない入学者選抜を行っています。3部制昼夜間定時制高校（総合学科）として多用な選択科目を設置しています。カウンセリングや教育相談など，心のケアが充実しています。

　昼夜間定時制高校　生徒自身のライフスタイルや学習のペースに合わせて午前・午後・夜間等の各時間帯から選んで入学ができます。自分の興味や関心，進路希望に即して科目を選択する学校です。就業年限は4年を基本としていますが，3年間でも卒業可能です。

　通信制高校　学校にはほとんど登校せずに，科目ごとに定められた回数のレポートを提出期限内に提出することで学習を進めます。レポートの解答内容が不十分な場合は再提出となります。この過程で学習が深まるシステムになっています。単位認定は，レポート，スクーリング（面接指導），テストによって行います。スクーリングは，土曜日などに年間20日程度行われています。

　インターネットの高校（私立）　インターネットと通信制高校の制度を活かした高校です。ICTを活用することで，自分の好きな場所や時間で学習できる学校です。通学日数は，スクーリングやテストなど年間5日程度となっています。インターネットでの学習以外に職業体験や留学なども用意されています。ホームルームはチャット形式で行い，部活動もインターネット上で行っています。

　就業技術科，職能開発科（特別支援学校高等部）　就業技術科は知的障害が軽い生徒を対象に専門的な職業教育を行う特別支援学校です。生徒全員の企業就労に向けた教育を行っており，企業就労率は95％を超えています。職能開発科は知的障害が軽度から中度の生徒を対象にしています。基礎的な職業教育を行い，生徒全員の就労実現を目指した学校です。

（三浦昭広）

第8章
障害はないが特別な教育的
ニーズのある子たちの支援

共生社会を目指すインクルーシブ教育の観点から，障害以外にも特別な教育的ニーズを有する子たちも支援の対象と捉えるようになっています。どのような子たちにどのようなニーズがあり，支援が求められているか，見ていきましょう。

1. 外国につながる子どもたち

[1] 外国につながる子どもたちの理解

　国際化が進む今日，日本に在留する外国人は増加の一途をたどり，学校にも多くの「外国につながる子どもたち」が在籍しています。外国籍の子もいれば，国際結婚家庭や海外から帰国した家庭の日本国籍の子もおり，2018 年度の調査によると，日本語指導が必要な児童生徒は 5 万人（外国籍 4 万人強・日本国籍 1 万人）を超えています。大都会や工業地域に集住する傾向がある一方，各地に少数散在している傾向も同時に見られます。さらに，2019 年時点で就学していない可能性がある子たちが約 2 万人もいることがわかりました。その母語はポルトガル語，中国語，フィリピノ語，スペイン語が 80％と多数を占めますが，それ以外の様々な言語も増えて多言語化しています。子どもたちは言語の他にも，宗教などを背景とした生活習慣・文化的背景・家庭環境・経済的背景・滞在期間などで実に多様化しており，諸要因が複雑に影響して，個人差が非常に大きいのです。

　言語の課題は来日した年齢によって大きく異なります。母語の発達途中の幼

少期では母語でも日本語でもうまく自己表現できない状態になることがあります。学齢期の子なら，日常会話は流暢に話せたとしても，授業の理解には困難があります。なぜなら，言語能力には**生活言語能力**と**学習言語能力**があるからです。生活言語能力は日常生活などの具体的場面に即した口頭の能力であり，対人経験の中で1，2年で獲得されるのに対し，学習言語能力は学習場面などで認知的に高次の言語活動を行う能力であり，学習活動の中で習得され，年齢相応の能力を得るのに5年以上を要します。そのため，教科の学習言語能力を修得する体系的な日本語指導が必要です。また，思考の道具としての言語が不十分な状態にあると，認知能力の発達にも影響を及ぼします。さらに，第一言語で蓄積された学習言語能力は第二言語場面でも活用されるため，母語の維持・活用も大切です。

　言語の他にも，文化や生活習慣の違いもあることから，日々の生活で心理的な負担も大きいため，心理的・適応的な課題や対人関係の問題もあり得ます。学校適応や学業面の困難だけでなく，アイデンティティの確立や進路など，多岐にわたる困難や課題を抱えるため，きめ細かい支援が望まれます。

［2］外国につながる子どもたちへの支援

　その支援には，日本語指導はもちろんのこと，文化的背景を踏まえた学校生活への適応や学力保障の観点から，日本語と教科の統合指導や生活指導等を含めた総合的・多面的な指導を含むことが求められます。

　2014年に学校教育法施行規則の一部が改正され，日本語指導が必要な場合に「**特別の教育課程**」を編成して指導することが制度化され，日本語指導が学校教育の一環として位置づけられました。「特別の教育課程」（表8-1）では児童生徒の日本語能力に応じた「取り出し」指導が行われ，日本語で学校生活を

表 8-1　特別の教育課程（日本語指導）の概要

①指導内容：児童生徒が日本語で学校生活を営み，学習に取り組めるようになるための指導
②指導対象：小・中学校段階に在籍する日本語指導が必要な児童生徒
③指導者：日本語指導担当教員（教員免許を有する教員）及び指導補助者
④授業時数：年間10単位時間から280単位時間までを標準とする
⑤指導の形態及び場所：原則，児童生徒の在籍する学校における「取り出し」指導

表 8-2　日本語指導プログラム（文部科学省，2019 より作成）

プログラム	概要
①サバイバル日本語	来日直後の子が学校生活や社会生活で必要な表現を学習する
②日本語基礎	日本語の基礎的な知識・技能（発音，文字・表記，語彙，文型）を学習する
③技能別日本語	4技能（聞く・話す・読む・書く）のいずれかに焦点を絞り学習する
④日本語と教科の統合学習	教科等の内容と日本語の表現とを組み合わせて学習する（JSL カリキュラム：Japanese as a Second Language）
⑤教科の補習	取り出し指導で教科内容を復習したり，入り込み指導として支援者の補助を受けたりしながら学習する

　営み教科学習に取り組めるようになることを目指します。通級指導（第3章）の日本語指導版と言えますし，「個別の指導計画」も作成されます。指導内容・方法は児童生徒の滞在期間や日本語習得状況などを考慮したプログラム（表8-2）が紹介されています（文部科学省，2019）。「外国人児童生徒のための対話型アセスメント（DLA）」も開発され，学齢期の子の言語能力を評価したうえで，どのような学習支援が必要かを探って指導計画に役立てます。また，**『外国人児童生徒受入れの手引き』**も刊行されており，情報検索サイト「かすたねっと」では各地の教育委員会等が作成した多言語文書や教材が検索できます。学級担任は日本語指導担当教員や母語支援員と連携し，教科学習や学級活動等に参加できるような指導・支援を行います。ただし，現状では特別の教育課程も DLA もまだ教育現場に十分には浸透していないのが課題です。

　日本語指導以外にも様々なプログラムが組まれています。外国につながる子にとって母語の維持も重要であるため，「母語・母文化教育」プログラムで支援が行われています。母語が確立した小学校高学年以降なら，教科学習で母語の活用が理解を促進しますし，母語が使えれば家族内コミュニケーションが保てますし，アイデンティティの形成や自己肯定感を育むためにも有効だからです。また，日本人児童生徒との「交流」プログラムでは，学校への適応や人間関係づくりや仲間と共に学ぶ力を高めます。

　心理的な支援もまた重要です。自文化にいれば，知ってわかり（認識），それに沿って行動し（行動），そう行動することに違和感がない（情動）もので

すが，思春期以降になると，異文化の中で認識・行動・情動の3側面にズレを感じて，情動面の葛藤が生じる可能性があります（箕浦，2003）。また，自分とは何かというアイデンティティの問題にも悩みがちです。また，進学や就職の進路問題も抱えやすく，それが貧困につながる懸念もあるため，将来への展望が持てるようなキャリア教育や相談体制などの支援も求められます。複数の言語や文化の下に生まれ育った強みを活かし，グローバルな視点で活躍できるよう支援します。

　一方，日本人の児童生徒にとっても，外国とつながる子と共に学ぶことが多様な価値観や文化的背景に触れるきっかけとなり，これからの多文化共生社会を生きる力につながるでしょう。教師は異なる背景を持つことがいじめにつながらないよう気を配りながら，日頃の授業の中で多様な価値観や文化に触れる機会を設けるようにして，相互理解を深めるように努めることが大切です。

2．子どもの貧困

［1］子どもの貧困の理解

　モノが有り余る現代日本で，実に子どもの7人に1人が貧困状態にあります。子どもの貧困率は20年近く13〜16％の割合で推移しており，一人親世帯のうち約半数が該当します。貧困といっても，生命を維持する衣食住すら欠く**絶対的貧困**ではなく，健康的で文化的な普通の生活が送れない**相対的貧困**のことです。また，「**子どもの貧困**」とは，中間的な所得の半分に満たない家庭で暮らす18歳未満の子の状態を指します。

　子どもの貧困の特徴として，実態が捉えにくい点が挙げられます。相対的貧困であるがゆえに「貧困」という語が持つイメージと異なるからでしょうし，貧困の自覚がなかったり自覚があっても表面に出にくかったりするからです。経済的困窮によって教育や様々な体験の機会が乏しく，地域や社会から孤立して不利な状況に置かれがちです。社会的孤立で必要な支援が受けられず，ますます困難な状況になってしまいます。不利な条件が蓄積して，**世代間連鎖**へとつながる可能性あるため，対策が必要です。また，虐待やいじめにもつながりかねません。

　問題は経済的な困窮に留まらず，子どもに様々な影響を及ぼします。不適切な養育環境・虐待，不十分な衣食住，文化的資源の不足，低学力・低学歴，低い自己肯定感，不安感・不信感，非行，社会的孤立・排除と，様々な不利な条件が蓄積して生活や成長に影響を及ぼす（子どもの貧困白書，2009）と言われます。

　貧困が及ぼす影響では，全国学力・学習力状況調査から，家庭の社会経済的背景が高いほど児童生徒の学力が高いという結果が示されています。しかし同時に，望ましい学習習慣や生活習慣を有することで，貧困状態にはあっても高い学力にある子たちも相当数いるとも指摘されています。調査（日本財団，2018）でも，貧困を背景とした学力格差が小学校初期から見られ，年齢上昇に伴い格差が拡大しますが，その一方，学力が高ければ学習習慣や生活習慣などは高水準との結果が示されています。さらに，別の調査では，貧困はよく言われるような，自尊感情や抑うつには直接影響せず，それらは貧困自体よりも生活の苦しさの認知と関連するとの指摘もあるようです。これらの調査結果から，求められる支援のあり方がうかがえます。

［2］子どもの貧困への支援

　子どもの貧困対策に国も乗り出し，「子どもの貧困対策の推進に関する法律」（**子どもの貧困対策法**）が 2014 に制定，2019 年に改定されました。その目的は，現在から将来にわたって，すべての子どもたちが前向きに夢や希望が持てる社会の構築を目指し，地域・社会全体で子どもを第一に考えて支援することです。その法律に基づき，「**子供の貧困対策に関する大綱**」が 2016 年に閣議決定，2019 年に改定され，教育，生活（子育て支援・親の自立支援等），保護者の就労，経済の 4 分野で支援の重点施策が組まれています。「教育の支援」では学校での学力保障・進路支援，教育費軽減，地域支援などが挙げられています（表 8-3）。

　なかでも，学校は地域に開かれた**プラットフォーム**すなわち支援拠点として位置づけられています。学力保障・進路指導はもちろん，早期対応のための相談体制，福祉や就労などの支援への橋渡し，地域での学習支援などの様々な支援につなげる窓口としての役割が期待されているのです。学校は子どもにとっ

表 8-3　教育の支援の重点施策（内閣府，2019 より抜粋）

○幼児教育・保育の無償化の推進及び質の向上
○地域に開かれた子供の貧困対策のプラットフォームとしての学校指導・運営体制の構築
　・スクールソーシャルワーカーやスクールカウンセラーが機能する体制の構築，少人数指
　導や習熟度別指導，補習等のための指導体制の充実等を通じた学校教育による学力保障
○高等学校等における修学継続のための支援
　・高校中退の予防のための取組，高校中退後の支援
○大学等進学に対する教育機会の提供
○特に配慮を要する子供への支援
○教育費負担の軽減
○地域における学習支援等

て最も身近な場であるため，教師は日頃から学習や生活に関してきめ細やかな
指導・支援を行うことが大切です。貧困の問題は見えにくいことから，児童生
徒の服装・持ち物・衛生面や給食時の様子，給食費・各種集金の状況や書類の
提出状況などに注意を払って，困っている子がいないか常に気を配るようにし
ます。その際，自尊心を傷つけないよう配慮しながらかかわることが大切です。
また，保護者に対しても，家庭訪問や定期面談や学級通信など，様々な機会を
通じて，つながり寄り添うように努めます。学級担任だけでなく，養護教諭や
スクールソーシャルワーカーやスクールカウンセラーなどと連携して，困りご
とを相談しやすい環境をつくり，学校全体で早期対応できる体制を構築します。

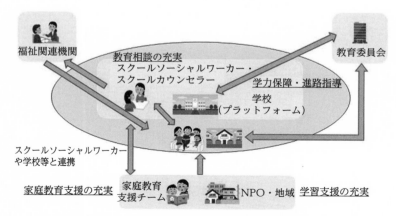

図 8-1　学校をプラットフォームとした総合的な貧困対策（文部科学省 HP より）

　義務教育は無償とはいえ，教育には学用品費，通学交通費，給食費，修学旅行費など，家庭が負担する費用は意外と多いものです。保護者の経済状態にかかわらずすべての子どもに学習権を保障するために，それらの費用を援助する**就学援助制度**があり，教育基本法と学校教育法に基づいて市町村が実施しています。生活の苦しさを意識しないで済む環境が自尊感情や心の安定に重要との指摘もあることからも，この制度の活用が対策の一つとして重要でしょう。ただ，制度を知らない・申請の仕方がわからないなど，援助が必要な人になかなか活用されていない現状のため，学校もその案内を地道に行っていくことが大切です。

　そして，地域で子どもたちを支える取り組みも盛んに行われています。**放課後児童クラブ**，学習支援活動，**子ども食堂**（コラム 15 参照）などの居場所をつくって，地域の人々が活躍しています。学校も地域と連携して支援することが重要です。

3．児童虐待

［1］児童虐待の理解

　子どもが児童虐待された痛ましい事件が報道されることがあります。児童虐待は相談件数が増加し続けており，心身の発達に悪影響を及ぼします。

　児童虐待とは，保護者が監護する児童（18 歳未満）を虐待することで，①**身体的虐待**，②**性的虐待**，③**ネグレクト**，④**心理的虐待**の 4 種に分類されます。複雑に複合している場合もあります。身体的虐待は身体に外傷（打撲傷，あざ（内出血），骨折，刺傷，やけどなど）が生じるか，そのおそれのある暴行を加えることで，外側からは見えにくい部位への外傷も多くあります。性的虐待はわいせつな行為をしたりさせたりすることで，ポルノグラフィの被写体にすることも含まれます。ネグレクトは養育の責任放棄・放置で，家に閉じ込める，食事を与えない，ひどく不潔にする，車内に放置する，重い病気でも医療を受けさせない，などです。心理的虐待は心を傷つける言動や拒否的態度で，暴言や脅し，存在を否定する言動，無視，兄弟姉妹間での差別的扱いなどです。また，子どもの目の前で家族に対して暴力を振るうこと（**面前 DV**）も含まれる

ようになりました。

　2019 年度の全国の児童相談所の相談対応件数は過去最多の約 19.3 万件に達し，統計を取り始めた 1990 年度から連続で増加し続け，この 10 年で 4 倍以上になっています。以前は身体的虐待が多かったのに対し，今や心理的虐待が過半数（56％）と最多で，次いで身体的虐待（25％），ネグレクト（20％弱），性的虐待（約 1 ％）の順です。虐待はどのタイプでも，身体・知的発達・心理の各側面で深刻な影響をもたらします。①身体的影響では外傷，栄養障害，低身長，低体重，成長ホルモンの抑制による成長不全，②知的発達の阻害，③心理的影響では他者を信頼できず対人関係が築きにくい，自己肯定感が持てない，また，攻撃的・衝動的な行動や多動などが表れることもあります。さらに，成人後までも影響が続く可能性が指摘されます。

　そして，脳画像の研究から，虐待が脳の発達にまで影響を及ぼすことも明らかになっています。友田（2017）はマールトリートメント（不適切な養育）による脳の各部位の発達の阻害を指摘しています（図 8-2）。①厳格な体罰によって脳の前頭前野（感情・思考・犯罪抑制力に関わる領域）が委縮し，うつ病の一種の感情障害や，非行を繰り返す素行障害などにつながる，②暴言虐待によって聴覚野が変形し，聴解に負荷がかかり理解力にも悪影響が生じる，③DV の目撃によって視覚野が縮小する，④強いストレスや言葉の暴力によって扁桃体（感情を司る領域）が変形し，不安や恐怖が助長される，などです。

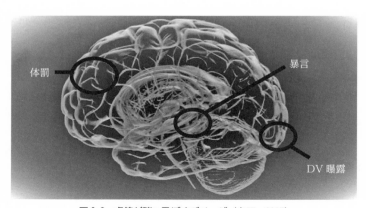

図 8-2　虐待が脳へ及ぼすダメージ（友田，2017）

発達の理論から見れば，本来なら，幼少期には養育者から親身な養育を受けて，深い情緒的な絆である**愛着**が形成されるはずです。愛着が基礎となって，他者への信頼が築かれ，後の対人関係へとつながるのです。しかし，幼児期に虐待を受ければ，愛着が形成されず人への信頼感も持てなくなり，心理的にも居場所を失い，心身の発達や人格形成に深刻な影響が及ぼされるのです。ひいては，他者と適切な距離感がとれず警戒し過ぎて親しい関係になれない，逆に見知らぬ人にもベタベタするなどの**愛着障害**になることもあり得ます。

では，なぜ子どもを虐待するのでしょうか。まず，子ども時代に虐待を受けた経験のある者は，親になると我が子を虐待する（世代間連鎖）傾向があると言われます。しかし，虐待は養育者自身の被虐待の経験の有無にかかわらず誰にでも起こり得る可能性もあります。仕事や家庭での様々なストレスが積み重なり精神的に追い詰められる，つまり，育児の孤立化や経済的不安や子どもの特性などが引き金で，行動が統制できない状況に追い込まれて虐待につながる可能性があり得るのです。

[2] 虐待された子どもへの支援

2000年に制定された児童虐待防止法には，虐待を受けたと思われる子どもを発見した者は，速やかに市町村や児童相談所等に通告しなければならない（**通告義務**）と規定されています。子どもの安全を最優先し，疑わしければ確証がなくても通告します。もし誤りでも責任は問われませんし，職務上の守秘義務違反にも当たりません。誰もが子どもを虐待から守ることが求められていると言えます。

また同法には，学校・教職員の役割として，虐待の早期発見，通告後の支援，関係機関との連携，虐待防止教育・啓発，継続的な安全確認，教職員の研修，学習支援・進学就職支援が規定されています。また，文部科学省「虐待対応の手引き」にも，早期発見，早期対応，関連機関との連携が挙がっています。

まず，支援には早期発見が不可欠です。教員は児童生徒と共に過ごす時間が長く兆候に気づきやすいため，日頃から「何か変だ」という異変や違和感を見逃さないことが重要です（表8-4）。健康診断や水泳指導での気づきや，教育相談や定期的アンケートなどからも情報が得られるでしょう。なお，徴候の把

表 8-4　児童虐待のサイン（文部科学省，2020 をもとに作成）

対　象	異変・違和感の例
児童生徒	触られることひどく嫌がる，乱暴な言葉づかいや極端な無口，大人への反抗的な態度，顔色を気にする，落ち着かない態度，衣服の汚れ，家に帰りたがらない，持続的な疲労感・無気力，過度なスキンシップ，
保護者	感情や態度が変化しやすい，イライラや余裕がない感じ，子どもへの距離感が不自然，人前で子どもを厳しく叱る・叩く，家庭訪問させない，連絡が取りにくい，家の様子が見えない
状　況	不自然なケガ・繰り返すケガ，体育・身体計測を頻繁に欠席，低身長や低体重・体重減少，親が一緒だと子の表情が乏しいがいなくなると晴れやか，子の体調不良を聞いても親が慌てない，家庭に近隣から苦情や悪い噂が多い

握には「虐待リスクのチェックリスト」（「手引き」に掲載）も活用できます。

　次に，チームとしての早期対応（情報収集・共有，対応検討）に努めます。学級担任が一人で抱え込まず，養護教諭，生徒指導主事，管理職，スクールカウンセラー，スクールソーシャルワーカー，校医など異なる知識・経験を有する者たちが共にチームで課題解決に当たることが大切です。疑わしい段階からの対応が重要であり，特に，①明らかな外傷，②栄養失調・医療放棄，③性的虐待の疑い，④子ども自身から保護・救済を求める，の4項目に該当する場合は，速やかに児童相談所への通告が求められます。それ以外なら市町村（虐待対応担当課）に通告します。なお，保護者から情報元を求められても伝えるのは厳禁です。

　また，関連機関との連携では，児童相談所が行う安全確認や情報収集などに対して学校も協力します。警察や医療機関とも連携します。なお，児童相談所では諸状況を検討のうえ，一時保護（最長2か月）や在宅支援などの対応を決定しますが，一時保護の解除後も学校では継続して注意深く見取り，必要に応じて情報共有を図ります。市町村には，虐待や非行などの要保護児童への適切な保護を図るために，児童福祉法に基づいて**要保護児童対策地域協議会（要対協，子どもを守る地域ネットワーク）**が設置されています。医療・司法・行政・警察・教育などの関係機関で構成され，学校も定期的に会議に参画して情報交換や協議を行っています。進行管理台帳に登録された児童生徒については，1か月ごとに出欠状況などを報告し，7日以上欠席した場合は速やかに連絡す

るなど，連携に努めます。

　さらに，学校は発生予防や啓発活動にも取り組みます。悩みや不安が相談できる体制を校内に整備し，様々な相談窓口の存在を日頃から伝えたりします。**児童相談所虐待対応ダイヤル「189（いちはやく）」**は全国共通の電話番号で，24時間無料で地域の児童相談所につながり，誰でも虐待の相談や通告ができ，秘密は守られます。未然防止や早期発見につながる活動で支援していきます。

4．性の多様性

［1］性の多様性の理解

　各自の性のあり方は**セクシュアリティ**といい，4つの指標で捉えます。生まれもった**「身体の性」**，自分自身がどうありたいかの**「心の性（性自認）」**，自分が望む服装や仕草や役割などの**「表現する性（性表現）」**，恋愛の対象としての**「好きになる性（性的指向）」**です。どれも人格に不可欠な要素です。

　「身体の性」は性器や染色体などで男女差が生じますが，性分化疾患によって典型的な男女とは異なる人や，第二次性徴が十分に現れない人もいます。「心の性」は自身の性別をどう認識しているかであり，男性，女性，どちらでもある，どちらでもない，があり得ますし，状態も個人差が大きいのです。「表現する性」では周囲の期待とは別に，自分が望む振る舞いがあるはずです。「好きになる性」は，恋愛対象が異性か同性か両性か性別に関わらないか，または誰にも恋愛感情を抱かない場合もあります。なお，性的指向は自分の意思では変えられないため，文字表記は「嗜好」（好み）でなく「指向」（ある方向に向かう意）で示されます。

　このような性の多様性にある人に対する呼称として**LGBT（Q）**があります[1]。これはL（レズビアン：女性同性愛者），G（ゲイ：男性同性愛者），B（バイセクシュアル：両性愛者），T（トランスジェンダー：身体の性と心の性に不

1）最近では，末尾に複数形の「s」をつけた「LGBTs」という表記で，あらゆる性的少数者が含まれる意を表そうとし始めてもいます。また新たに，SOGI（ソジ：SOは性的指向，GIは性自認の意）という言葉を使用して，あらゆる人が自分のこととして性の多様性を捉えられるような動きも見られます。

一致や違和感がある人），さらに，Ｑ（クエスチョニング：自分の性のあり方がわからない・迷っているなど模索状態にある人）を加える場合もあります。

　LGBT（Ｑ）の人たちはセクシュアルマイノリティ（性的少数者）とも呼ばれます。マイノリティといっても，人口の 5 ～ 8 ％，13 人～20 人に 1 人存在するとされ，学校なら学級に 2，3 人いることになります。また，身近にいても偏見や差別を懸念して言い出しにくいため，存在に気づけていないのです。

　なかでも，トランスジェンダーは生物学的な性と性自認が一致しないことから，社会生活に支障ありと認識され，特有の支援が必要とされます。なお，医学的な語として**性同一性障害**があり，呼称変更で**性別違和**という語も使われ始めています。日本では 2003 年に性別の取り扱いに関する法律が制定され，医療現場では小・中学生の受診も増え，教育現場では理解や支援に対処するようになってきました。文部科学省による性同一性障害に関する調査（2014）では全国で 606 件の報告があり，高等学校が 66.5％と最も多く，ついで中学校 18.2％，小学校高学年 6.6％でした。つまり，思春期以降に顕著に見られることがわかります。

　思春期は子どもの身体から大人の身体へと変化する，非常に不安定な時期です。第二次性徴という急激な身体変化により，誰しもが不安になったり戸惑ったりしながら自己への意識が高まっていく時期です。また，友達との関係性も以前より親密になり，恋愛感情を持つようにもなるでしょう。そのなかで，友達との違いを感じたり，自分の性別に対する違和感が強まったり，何か違う感じがするけれどよくわからないなど，揺れ迷ったりする人たちがいるのです。

［2］　性の多様性にある子への支援

　支援には，教師が正しく認識し理解を深めることが不可欠です。大切なのは，誰が当事者かを探すことではなく，偏見や誤解のない環境，相談しやすい環境をつくることです。そのために，学内外で組織的に支援し，必要に応じて相談・医療機関と連携することが求められます。

　まず，学校生活で直面する困りごとは，男女別になっている物事だそうです。そこで学校では，服装，トイレ，宿泊研修等の対応が取られています（表 8-5）。敬称や席順ならすぐ対応できそうですが，制服やトイレや着替え場所な

表 8-5　性別違和の生徒に対する学校での支援の例（文部科学省，2015）

項	学校における支援の事例
服装	自認する性別の制服・衣服や，体操着の着用を認める
髪型	標準より長い髪型を一定の範囲で認める（戸籍上男性）
更衣室	保健室・多目的トイレ等の利用を認める
トイレ	職員トイレ・多目的トイレの利用を認める
呼称の工夫	校内文書（通知表を含む）を児童生徒が希望する呼称で記す 自認する性別として名簿上扱う
授業	体育又は保健体育において別メニューを設定する
水泳	上半身が隠れる水着の着用を認める（戸籍上男性） 補習として別日に実施，又はレポート提出で代替する
運動部の活動	自認する性別に係る活動への参加を認める
修学旅行等	1人部屋の使用を認める，入浴時間をずらす

どは個別の事案に応じ，児童生徒の心情等に配慮した対応が求められます。なお，自治体によっては男女の区別がつきにくい制服（ブレザー＋スラックス）やスカートとスラックスが選べるなどの対応が増えつつあります。

　学校全体で日頃から，男らしさ女らしさを強要することのないように，また，誰もが異性愛者という前提での言動はしないよう心掛けることが大切です。差別的な発言に対しては，その言葉で傷つく人がいて，使ってはいけないことを説明し，毅然とした対応をとり，いじめにつながらないように気を配ります。

　また，相談を受けた際は，悩みや不安を抱える児童生徒をしっかり受け止め，よく聞く姿勢を示すようにします。他の人がいない場所など，安心して話せる環境をつくり，話を最後まできちんと聞き，ありのままに受けとめることが大切です。つながる声かけで継続的に相談しやすい関係性を築くようにします。また，身近な家族にこそ打ち明けにくいため，なぜ話してくれたのか，何に困っているのかなどを把握します。さらに，誰に話しているか，誰になら話してよいかも確認します。決して，周囲の理解を得ようと，本人の承諾なく周囲に伝える**アウティング**は厳禁です。情報収集できる本や集まりを紹介して孤立しないよう努めます。

　自分から周囲に伝える**カミングアウト**をするかどうかはデリケートな問題で，

より深く知ってもらえるメリットがある反面，相手に拒否的で無理解な反応を示されて傷つくデメリットもあり得ます。いじめへの懸念も考えられます。そのため，本人の意思を最大限尊重し，どうすれば過ごしやすいのかを時間をかけて考えてもらいます。そのためにも，教員は日頃から周囲が受けとめられるような環境づくりを心掛けることが重要です。

　対応では，教員が一人で抱え込まずに養護教諭や他教員と協力し，プライバシーに配慮しつつ学内外でチームを作って組織的に支援し，「支援委員会」（校内）やケース会議（校外）等を開催します。保護者とも連携し，必要に応じて相談機関や医療機関とも連携を図ることが求められます。

　理解を深めるために，授業での学習や啓蒙活動も増えつつあります。高校の家庭科と倫理ではすでに教科書で性的マイノリティや多様な家族のあり方に関する記述が見られますし，中学の道徳でも，そして，いよいよ小学校の保健体育の教科書でも取り上げるようになりました。性の多様性への，心に寄り添うことで，当事者はもちろん，すべての児童生徒が疎外されず自己肯定感を育むことにつながるのです。

（柏崎秀子）

◆━━━━━━━━━【内容をまとめよう】━━━━━━━━━◆

　外国につながる子の言語能力には（　　　）と（　　　）があり，その修得に要する違いで困難があり，後者の修得のために体系的な指導が必要ですし，言語だけでなく，自分とは何かという（　　　）の点でも支援します。子どもの貧困は（　　　）的貧困であるせいで捉えにくく，不利な条件が次世代へと蓄積する（　　　）につながらないよう，学校が支援の（　　　）の役割を担い，地域とも連携します。児童虐待は4種あって最多が（　　　）で，どれも心身の発達に悪影響を及ぼすため，早期発見に向けて疑わしければ（　　　）して誰もが子どもを守るようにします。私たちの性のあり方は身体の性だけでなく，心の性である（　　　），性表現，恋愛対象の（　　　）の4つの指標で捉え，偏見や誤解のない環境を作るようにします。

◆━━━━━━━━━【調べよう・考えよう】━━━━━━━━━◆

　①外国につながる子，②子どもの貧困，③児童虐待，④性の多様性，それぞれについて，文献等に挙がった諸機関の資料やサイトにアクセスして，支援の具体策を詳しく調べて整理し，どのような課題があるか考えましょう。

コラム 15　子どもの貧困に対する取り組み
：子ども食堂と子ども宅食の社会的意義

　近年，子どもの貧困層が拡大して，非常に厳しい状況の解決が喫緊の課題になっています。特に子どもの貧困世帯はひとり親の家庭が半数を占めており，子どもだけで過ごす時間が多く，様々な問題が生じています。特に子どもだけで摂る食事では，栄養バランスが取れず健康面への影響が懸念されています。そこで農林水産省は，第4次食育推進基本計画骨子案で「貧困の状況にある子供に対する食育の推進」や「地域における共食の推進」を掲げ，対策を展開しています。

　子どもの貧困に対して，有志による民間発の取り組みとして，子ども食堂と子ども宅食という2つの支援が広まっています。まず，子ども食堂は，有志の自宅の一部を開放したり，地域の公民館等を活用したりして食堂を開設したもので，訪れた子どもに無料あるいは安価で栄養ある食事を提供する活動です。その目的は主に「子どもの孤食を防ぐ」と「貧困の子どもに食事を」の2つが考えられます。「子どもの孤食を防ぐ」については，子どもだけで食事を摂る孤食の状態にならないようにすること，加えて，地域とのつながりづくりや保護者の負担軽減も含まれます。子ども食堂に通うことで，地域の大人たちと顔見知りになり，同世代の子ども同士での遊びも広がり，学校以外のつながりもできます。また「貧困の子どもに食事を」では，安価で栄養バランスのとれた食事が摂れることになります。子どもの貧困を何とかしたいという思いの人たちが，様々な知恵と工夫によって，地域だけでなく，企業との連携にも取り組み，子ども食堂の支援を広げているところもあります（例：地産食材の無料提供や必需品の寄付，企業のボランティア派遣）。

　次に，子ども宅食は，経済的困難を抱える家庭に食品や日用品を届ける活動です。食堂と違う点は，支援者側が子どもの家に出向くことです。「貧困だと思われたくない」「支援されていることを知られたくない」などと，周囲の目が気になって支援の受け入れを躊躇している子どもたちのことを考えて，貧困対策であることを前面に出しすぎないようにして支援が届くようにしています。この配慮された取り組みは，コロナ禍の状況において全国各地で広がりつつあります。本当に支援が必要な人たちに玄関を開けて受け取ってもらえることが重要なのです。つまり，目的は物品配達だけに留まらず，食品を届けるというきっかけが，つながりをつくり，それを積み重ねることで，信頼関係も築いていけるということです。さらに，そこから子どもの身体や心の状態や変化，あざが残るような暴力による虐待の発見だけでなく，部屋が片付いていないとか入浴していないなどの衛生状態から，ネグレクト（育児放棄・育児怠慢）を早期発見できるかもしれません。このように，食品以外の様々な支援へとつながり，行政との連携によって専門機関へつなげることもできます。

　貧困には複雑な要素が絡み合っていることが多く，学校の中だけでは，子どもの貧困や児童虐待等の問題を早期に発見し対処することはなかなか難しいですし，学力低下やいじめや不登校も招きかねません。子ども食堂や子ども宅食は，そんな子どもたちの兆候の早期発見を含めた予防としての一翼を担うものと考えられます。子どもを

支援する取り組みとして，学校と連携しながら，「地域交流の場」「子どもの見守りの場」となり，貧困だけでなく，家庭の中の見えにくい問題についての「気づきの拠点」しても機能することが期待されています。

（早尾美子）

巻末資料

小学校学習指導要領 (抜粋)

第1章　総則
第4　児童の発達の支援
2　特別な配慮を必要とする児童への指導
　(1)　障害のある児童などへの指導
　　ア　障害のある児童などについては，特別支援学校等の助言又は援助を活用しつつ，個々の児童の障害の状態等に応じた指導内容や指導方法の工夫を組織的かつ計画的に行うものとする。
　　イ　特別支援学級において実施する特別の教育課程については，次のとおり編成するものとする。
　　　(ｱ)　障害による学習上又は生活上の困難を克服し自立を図るため，特別支援学校小学部・中学部学習指導要領第7章に示す自立活動を取り入れること。
　　　(ｲ)　児童の障害の程度や学級の実態等を考慮の上，各教科の目標や内容を下学年の教科の目標や内容に替えたり，各教科を，知的障害者である児童に対する教育を行う特別支援学校の各教科に替えたりするなどして，実態に応じた教育課程を編成すること。
　　ウ　障害のある児童に対して，通級による指導を行い，特別の教育課程を編成する場合には，特別支援学校小学部・中学部学習指導要領第7章に示す自立活動の内容を参考とし，具体的な目標や内容を定め，指導を行うものとする。その際，効果的な指導が行われるよう，各教科等と通級による指導との関連を図るなど，教師間の連携に努めるものとする。
　　エ　障害のある児童などについては，家庭，地域及び医療や福祉，保健，労働等の業務を行う関係機関との連携を図り，長期的な視点で児童への教育的支援を行うために，個別の教育支援計画を作成し活用することに努めるとともに，各教科等の指導に当たって，個々の児童の実態を的確に把握し，個別の指導計画を作成し活用することに努めるものとする。特に，特別支援学級に在籍する児童や通級による指導を受ける児童については，25　総則　個々の児童の実態を的確に把握し，個別の教育支援計画や個別の指導計画を作成し，効果的に活用するものとする。
　(2)　海外から帰国した児童などの学校生活への適応や，日本語の習得に困難のある児童に対する日本語指導
　　ア　海外から帰国した児童などについては，学校生活への適応を図るとともに，外国における生活経験を生かすなどの適切な指導を行うものとする。
　　イ　日本語の習得に困難のある児童については，個々の児童の実態に応じた指導内容や指導方法の工夫を組織的かつ計画的に行うものとする。特に，通級による日本語指導については，教師間の連携に努め，指導についての計画を個別に作成することなどにより，効果的な指導に努めるものとする。
　(3)　不登校児童への配慮
　　ア　不登校児童については，保護者や関係機関と連携を図り，心理や福祉の専門家の助言又は援助を得ながら，社会的自立を目指す観点から，個々の児童の実態に応じた情報の提供その他の必要な支援を行うものとする。

イ　相当の期間小学校を欠席し引き続き欠席すると認められる児童を対象として，文部科学大臣が認める特別の教育課程を編成する場合には，児童の実態に配慮した教育課程を編成するとともに，個別学習やグループ別学習など指導方法や指導体制の工夫改善に努めるものとする。

特別支援学校小学部・中学部学習指導要領（抜粋）

第7章　自立活動

第1　目標
　個々の児童又は生徒が自立を目指し，障害による学習上又は生活上の困難を主体的に改善・克服するために必要な知識，技能，態度及び習慣を養い，もって心身の調和的発達の基盤を培う。

第2　内容
1．健康の保持
　(1)　生活のリズムや生活習慣の形成に関すること。
　(2)　病気の状態の理解と生活管理に関すること。
　(3)　身体各部の状態の理解と養護に関すること。
　(4)　障害の特性の理解と生活環境の調整に関すること。
　(5)　健康状態の維持・改善に関すること。
2．心理的な安定
　(1)　情緒の安定に関すること。
　(2)　状況の理解と変化への対応に関すること。
　(3)　障害による学習上又は生活上の困難を改善・克服する意欲に関すること。
3．人間関係の形成
　(1)　他者とのかかわりの基礎に関すること。
　(2)　他者の意図や感情の理解に関すること。
　(3)　自己の理解と行動の調整に関すること。
　(4)　集団への参加の基礎に関すること。
4．環境の把握
　(1)　保有する感覚の活用に関すること。
　(2)　感覚や認知の特性についての理解と対応に関すること。
　(3)　感覚の補助及び代行手段の活用に関すること。
　(4)　感覚を総合的に活用した周囲の状況についての把握と状況に応じた行動に関すること。
　(5)　認知や行動の手掛かりとなる概念の形成に関すること。
5．身体の動き
　(1)　姿勢と運動・動作の基本的技能に関すること。
　(2)　姿勢保持と運動・動作の補助的手段の活用に関すること。
　(3)　日常生活に必要な基本動作に関すること。

⑷ 身体の移動能力に関すること。

⑸ 作業に必要な動作と円滑な遂行に関すること。

6．コミュニケーション

⑴ コミュニケーションの基礎的能力に関すること。

⑵ 言語の受容と表出に関すること。

⑶ 言語の形成と活用に関すること。

⑷ コミュニケーション手段の選択と活用に関すること。

⑸ 状況に応じたコミュニケーションに関すること。

第3 個別の指導計画の作成と内容の取扱い

1．自立活動の指導に当たっては，個々の児童又は生徒の障害の状態や特性及び心身の発達の段階等の的確な把握に基づき，指導すべき課題を明確にすることによって，指導目標及び指導内容を設定し，個別の指導計画を作成するものとする。その際，第2に示す内容の中からそれぞれに必要とする項目を選定し，それらを相互に関連付け，具体的に指導内容を設定するものとする。

2．個別の指導計画の作成に当たっては，次の事項に配慮するものとする。

⑴ 個々の児童又は生徒について，障害の状態，発達や経験の程度，興味・関心，生活や学習環境などの実態を的確に把握すること。

⑵ 児童又は生徒の実態把握に基づいて得られた指導すべき課題相互の関連を検討すること。その際，これまでの学習状況や将来の可能性を見通しながら，長期的及び短期的な観点から指導目標を設定し，それらを達成するために必要な指導内容を段階的に取り上げること。

⑶ 具体的な指導内容を設定する際には，以下の点を考慮すること。

ア 児童又は生徒が，興味をもって主体的に取り組み，成就感を味わうとともに自己を肯定的に捉えることができるような指導内容を取り上げること。

イ 児童又は生徒が，障害による学習上又は生活上の困難を改善・克服しようとする意欲を高めることができるような指導内容を重点的に取り上げること。

ウ 個々の児童又は生徒が，発達の遅れている側面を補うために，発達の進んでいる側面を更に伸ばすような指導内容を取り上げること。

エ 個々の児童又は生徒が，活動しやすいように自ら環境を整えたり，必要に応じて周囲の人に支援を求めたりすることができるような指導内容を計画的に取り上げること。

オ 個々の児童又は生徒に対し，自己選択・自己決定する機会を設けることによって，思考・判断・表現する力を高めることができるような指導内容を取り上げること。

カ 個々の児童又は生徒が，自立活動における学習の意味を将来の自立や社会参加に必要な資質・能力との関係において理解し，取り組めるような指導内容を取り上げること。

⑷ 児童又は生徒の学習状況や結果を適切に評価し，個別の指導計画や具体的な指導の改善に生かすよう努めること。

⑸ 各教科，道徳科，外国語活動，総合的な学習の時間及び特別活動の指導と密接な関連を保つようにし，計画的，組織的に指導が行われるようにするものとする。

3．個々の児童又は生徒の実態に応じた具体的な指導方法を創意工夫し，意欲的な活動を

促すようにするものとする。
4．重複障害者のうち自立活動を主として指導を行うものについては，全人的な発達を促すために必要な基本的な指導内容を，個々の児童又は生徒の実態に応じて設定し，系統的な指導が展開できるようにするものとする。その際，個々の児童又は生徒の人間として調和のとれた育成を目指すように努めるものとする。
5．自立活動の指導は，専門的な知識や技能を有する教師を中心として，全教師の協力の下に効果的に行われるようにするものとする。
6．児童又は生徒の障害の状態等により，必要に応じて，専門の医師及びその他の専門家の指導・助言を求めるなどして，適切な指導ができるようにするものとする。
7．自立活動の指導の成果が進学先等でも生かされるように，個別の教育支援計画等を活用して関係機関等との連携を図るものとする。

教育基本法 (抜粋)

第 4 条　すべて国民は，ひとしく，その能力に応じた教育を受ける機会を与えられなければならず，人種，信条，性別，社会的身分，経済的地位又は門地によって，教育上差別されない。
　　②　国及び地方公共団体は，障害のある者が，その障害の状態に応じ，十分な教育を受けられるよう，教育上必要な支援を講じなければならない。

学校教育法 (抜粋)

第 72 条　特別支援学校は，視覚障害者，聴覚障害者，知的障害者，肢体不自由者又は病弱者（身体虚弱者を含む。以下同じ。）に対して，幼稚園，小学校，中学校又は高等学校に準ずる教育を施すとともに，障害による学習上又は生活上の困難を克服し自立を図るために必要な知識技能を授けることを目的とする。
第 73 条　特別支援学校においては，文部科学大臣の定めるところにより，前条に規定する者に対する教育のうち当該学校が行うものを明らかにするものとする。
第 74 条　特別支援学校においては，第七十二条に規定する目的を実現するための教育を行うほか，幼稚園，小学校，中学校，義務教育学校，高等学校又は中等教育学校の要請に応じて，第八十一条第一項に規定する幼児，児童又は生徒の教育に関し必要な助言又は援助を行うよう努めるものとする。
第 75 条　第七十二条に規定する視覚障害者，聴覚障害者，知的障害者，肢体不自由者又は病弱者の障害の程度は，政令で定める。
第 76 条　特別支援学校には，小学部及び中学部を置かなければならない。ただし，特別の必要のある場合においては，そのいずれかのみを置くことができる。
　　②　特別支援学校には，小学部及び中学部のほか，幼稚部又は高等部を置くことができ，また，特別の必要のある場合においては，前項の規定にかかわらず，小学部及び中学部を置かないで幼稚部又は高等部のみを置くことができる。
第 77 条　特別支援学校の幼稚部の教育課程その他の保育内容，小学部及び中学部の教育課程又は高等部の学科及び教育課程に関する事項は，幼稚園，小学校，中学校

又は高等学校に準じて，文部科学大臣が定める。

第 80 条　都道府県は，その区域内にある学齢児童及び学齢生徒のうち，視覚障害者，聴覚障害者，知的障害者，肢体不自由者又は病弱者で，その障害が第七十五条の政令で定める程度のものを就学させるに必要な特別支援学校を設置しなければならない。

第 81 条　幼稚園，小学校，中学校，義務教育学校，高等学校及び中等教育学校においては，次項各号のいずれかに該当する幼児，児童及び生徒その他教育上特別の支援を必要とする幼児，児童及び生徒に対し，文部科学大臣の定めるところにより，障害による学習上又は生活上の困難を克服するための教育を行うものとする。

②　小学校，中学校，義務教育学校，高等学校及び中等教育学校には，次の各号のいずれかに該当する児童及び生徒のために，特別支援学級を置くことができる。
1　知的障害者
2　肢体不自由者
3　身体虚弱者
4　弱視者
5　難聴者
6　その他障害のある者で，特別支援学級において教育を行うことが適当なもの

③　前項に規定する学校においては，疾病により療養中の児童及び生徒に対して，特別支援学級を設け，又は教員を派遣して，教育を行うことができる。

学校教育法施行令（抜粋）

第 22 条の 3　法第 75 条の政令で定める視覚障害者，聴覚障害者，知的障害者，肢体不自由者又は病弱者の障害の程度は，次の表に掲げるとおりとする。

区分	障害の程度
視覚障害者	両眼の視力がおおむね 0.3 未満のもの又は視力以外の視機能障害が高度のもののうち，拡大鏡等の使用によっても通常の文字，図形等の視覚による認識が不可能又は著しく困難な程度のもの
聴覚障害者	両耳の聴力レベルがおおむね 60 デシベル以上のもののうち，補聴器等の使用によっても通常の話声を解することが不可能又は著しく困難な程度のもの
知的障害者	1　知的発達の遅滞があり，他人との意思疎通が困難で日常生活を営むのに頻繁に援助を必要とする程度のもの 2　知的発達の遅滞の程度が前号に掲げる程度に達しないもののうち，社会生活への適応が著しく困難なもの
肢体不自由者	1　肢体不自由の状態が補装具の使用によっても歩行，筆記等日常生活における基本的な動作が不可能又は困難な程度のもの 2　肢体不自由の状態が前号に掲げる程度に達しないもののうち，常時の医学的観察指導を必要とする程度のもの

病弱者	1 慢性の呼吸器疾患，腎臓疾患及び神経疾患，悪性新生物その他の疾患の状態が継続して医療又は生活規制を必要とする程度のもの 2 身体虚弱の状態が継続して生活規制を必要とする程度のもの

備考
1 視力の測定は，万国式試視力表によるものとし，屈折異常があるものについては，矯正視力によって測定する。
2 聴力の測定は，日本産業規格によるオージオメータによる。

学校教育法施行規則 (抜粋)

第126条 特別支援学校の小学部の教育課程は，国語，社会，算数，理科，生活，音楽，図画工作，家庭，体育及び外国語の各教科，特別の教科である道徳，外国語活動，総合的な学習の時間，特別活動並びに自立活動によって編成するものとする。

2 前項の規定にかかわらず，知的障害者である児童を教育する場合は，生活，国語，算数，音楽，図画工作及び体育の各教科，特別の教科である道徳，特別活動並びに自立活動によって教育課程を編成するものとする。ただし，必要がある場合には，外国語活動を加えて教育課程を編成することができる。

第127条 特別支援学校の中学部の教育課程は，国語，社会，数学，理科，音楽，美術，保健体育，技術・家庭及び外国語の各教科，特別の教科である道徳，総合的な学習の時間，特別活動並びに自立活動によって編成するものとする。

2 前項の規定にかかわらず，知的障害者である生徒を教育する場合は，国語，社会，数学，理科，音楽，美術，保健体育及び職業・家庭の各教科，特別の教科である道徳，総合的な学習の時間，特別活動並びに自立活動によって教育課程を編成するものとする。ただし，必要がある場合には，外国語科を加えて教育課程を編成することができる。

第128条 特別支援学校の高等部の教育課程は，別表第3及び別表第5に定める各教科に属する科目，総合的な学習の時間，特別活動並びに自立活動によって編成するものとする。

2 前項の規定にかかわらず，知的障害者である生徒を教育する場合は，国語，社会，数学，理科，音楽，美術，保健体育，職業，家庭，外国語，情報，家政，農業，工業，流通・サービス及び福祉の各教科，第129条に規定する特別支援学校高等部学習指導要領で定めるこれら以外の教科及び道徳，総合的な学習の時間，特別活動並びに自立活動によって教育課程を編成するものとする。

第129条 特別支援学校の幼稚部の教育課程その他の保育内容並びに小学部，中学部及び高等部の教育課程については，この章に定めるもののほか，教育課程その他の保育内容又は教育課程の基準として文部科学大臣が別に公示する特別支援学校幼稚部教育要領，特別支援学校小学部・中学部学習指導要領及び特別支援学校高等部学習指導要領によるものとする。

第130条 特別支援学校の小学部，中学部又は高等部においては，特に必要がある場合は，第126条から第128条までに規定する各教科（次項において「各教科」とい

　　　　　う。）又は別表第 3 及び別表第 5 に定める各教科に属する科目の全部又は一部
　　　　　について，合わせて授業を行うことができる。

　　　2　特別支援学校の小学部，中学部又は高等部においては，知的障害者である児童
　　　　　若しくは生徒又は複数の種類の障害を併せ有する児童若しくは生徒を教育する
　　　　　場合において特に必要があるときは，各教科，特別の教科である道徳（特別支
　　　　　援学校の高等部にあっては，前条に規定する特別支援学校高等部学習指導要領
　　　　　で定める道徳），外国語活動，特別活動及び自立活動の全部又は一部について，
　　　　　合わせて授業を行うことができる。

第 131 条　特別支援学校の小学部，中学部又は高等部において，複数の種類の障害を併せ
　　　　　有する児童若しくは生徒を教育する場合又は教員を派遣して教育を行う場合に
　　　　　おいて，特に必要があるときは，第 126 条から第 129 条までの規定にかかわら
　　　　　ず，特別の教育課程によることができる。

　　　2　前項の規定により特別の教育課程による場合において，文部科学大臣の検定を
　　　　　経た教科用図書又は文部科学省が著作の名義を有する教科用図書を使用するこ
　　　　　とが適当でないときは，当該学校の設置者の定めるところにより，他の適切な
　　　　　教科用図書を使用することができる。

　　　3　第 56 条の 5 の規定は，学校教育法附則第 9 条第 2 項において準用する同法第
　　　　　34 条第 2 項又は第 3 項の規定により前項の他の適切な教科用図書に代えて使
　　　　　用する教材について準用する。

第 137 条　特別支援学級は，特別の事情のある場合を除いては，学校教育法第 81 条第 2
　　　　　項各号に掲げる区分に従って置くものとする。

第 138 条　小学校，中学校若しくは義務教育学校又は中等教育学校の前期課程における特
　　　　　別支援学級に係る教育課程については，特に必要がある場合は，第 50 条第 1
　　　　　項（第 79 条の 6 第 1 項において準用する場合を含む。），第 51 条，第 52 条
　　　　　（第 79 条の 6 第 1 項において準用する場合を含む。），第 52 条の 3，第 72 条
　　　　　（第 79 条の 6 第 2 項及び第 108 条第 1 項において準用する場合を含む。），第
　　　　　73 条，第 74 条（第 79 条の 6 第 2 項及び第 108 条第 1 項において準用する場
　　　　　合を含む。），第 74 条の 3，第 76 条，第 79 条の 5（第 79 条の 12 において準
　　　　　用する場合を含む。）及び第 107 条（第 117 条において準用する場合を含む。）
　　　　　の規定にかかわらず，特別の教育課程によることができる。

第 140 条　小学校，中学校，義務教育学校，高等学校又は中等教育学校において，次の各
　　　　　号のいずれかに該当する児童又は生徒（特別支援学級の児童及び生徒を除く。）
　　　　　のうち当該障害に応じた特別の指導を行う必要があるものを教育する場合には，
　　　　　文部科学大臣が別に定めるところにより，第 50 条第 1 項（第 79 条の 6 第 1 項
　　　　　において準用する場合を含む。），第 51 条，第 52 条（第 79 条の 6 第 1 項にお
　　　　　いて準用する場合を含む。），第 52 条の 3，第 72 条（第 79 条の 6 第 2 項及び
　　　　　第 108 条第 1 項において準用する場合を含む。），第 73 条，第 74 条（第 79 条
　　　　　の 6 第 2 項及び第 108 条第 1 項において準用する場合を含む。），第 74 条の 3，
　　　　　第 76 条，第 79 条の 5（第 79 条の 12 において準用する場合を含む。），第 83
　　　　　条及び第 84 条（第 108 条第 2 項において準用する場合を含む。）並びに第 107
　　　　　条（第 117 条において準用する場合を含む。）の規定にかかわらず，特別の教

　　育課程によることができる。
　　1　言語障害者
　　2　自閉症者
　　3　情緒障害者
　　4　弱視者
　　5　難聴者
　　6　学習障害者
　　7　注意欠陥多動性障害者
　　8　その他障害のある者で，この条の規定により特別の教育課程による教育を行うことが適当なもの

第141条　前条の規定により特別の教育課程による場合においては，校長は，児童又は生徒が，当該小学校，中学校，義務教育学校，高等学校又は中等教育学校の設置者の定めるところにより他の小学校，中学校，義務教育学校，高等学校，中等教育学校又は特別支援学校の小学部，中学部若しくは高等部において受けた授業を，当該小学校，中学校，義務教育学校，高等学校又は中等教育学校において受けた当該特別の教育課程に係る授業とみなすことができる。

障害者基本法（抜粋）

第16条　国及び地方公共団体は，障害者が，その年齢及び能力に応じ，かつ，その特性を踏まえた十分な教育が受けられるようにするため，可能な限り障害者である児童及び生徒が障害者でない児童及び生徒と共に教育を受けられるよう配慮しつつ，教育の内容及び方法の改善及び充実を図る等必要な施策を講じなければならない。
　　2　国及び地方公共団体は，前項の目的を達成するため，障害者である児童及び生徒並びにその保護者に対し十分な情報の提供を行うとともに，可能な限りその意向を尊重しなければならない。
　　3　国及び地方公共団体は，障害者である児童及び生徒と障害者でない児童及び生徒との交流及び共同学習を積極的に進めることによつて，その相互理解を促進しなければならない。
　　4　国及び地方公共団体は，障害者の教育に関し，調査及び研究並びに人材の確保及び資質の向上，適切な教材等の提供，学校施設の整備その他の環境の整備を促進しなければならない。

発達障害者支援法（抜粋）

第2条　この法律において「発達障害」とは，自閉症，アスペルガー症候群その他の広汎性発達障害，学習障害，注意欠陥多動性障害その他これに類する脳機能の障害であってその症状が通常低年齢において発現するものとして政令で定めるものをいう。
　　2　この法律において「発達障害者」とは，発達障害がある者であって発達障害及び

社会的障壁により日常生活又は社会生活に制限を受けるものをいい，「発達障害児」とは，発達障害者のうち 18 歳未満のものをいう。

3　この法律において「社会的障壁」とは，発達障害がある者にとって日常生活又は社会生活を営む上で障壁となるような社会における事物，制度，慣行，観念その他一切のものをいう。

4　この法律において「発達支援」とは，発達障害者に対し，その心理機能の適正な発達を支援し，及び円滑な社会生活を促進するため行う個々の発達障害者の特性に対応した医療的，福祉的及び教育的援助をいう。

第 8 条　国及び地方公共団体は，発達障害児（18 歳以上の発達障害者であって高等学校，中等教育学校及び特別支援学校並びに専修学校の高等課程に在学する者を含む。以下この項において同じ。）が，その年齢及び能力に応じ，かつ，その特性を踏まえた十分な教育を受けられるようにするため，可能な限り発達障害児が発達障害児でない児童と共に教育を受けられるよう配慮しつつ，適切な教育的支援を行うこと，個別の教育支援計画の作成（教育に関する業務を行う関係機関と医療，保健，福祉，労働等に関する業務を行う関係機関及び民間団体との連携の下に行う個別の長期的な支援に関する計画の作成をいう。）及び個別の指導に関する計画の作成の推進，いじめの防止等のための対策の推進その他の支援体制の整備を行うことその他必要な措置を講じるものとする。

2　大学及び高等専門学校は，個々の発達障害者の特性に応じ，適切な教育上の配慮をするものとする。

障害者の権利に関する条約（日本政府公定訳　抜粋）

第 1 条　目的
　　　　この条約は，全ての障害者によるあらゆる人権及び基本的自由の完全かつ平等な享有を促進し，保護し，及び確保すること並びに障害者の固有の尊厳の尊重を促進することを目的とする。
　　　　障害者には，長期的な身体的，精神的，知的又は感覚的な機能障害であって，様々な障壁との相互作用により他の者との平等を基礎として社会に完全かつ効果的に参加することを妨げ得るものを有する者を含む。

第 24 条　教育
　1　締約国は，教育についての障害者の権利を認める。締約国は，この権利を差別なしに，かつ，機会の均等を基礎として実現するため，障害者を包容するあらゆる段階の教育制度及び生涯学習を確保する。当該教育制度及び生涯学習は，次のことを目的とする。
　　(a)　人間の潜在能力並びに尊厳及び自己の価値についての意識を十分に発達させ，並びに人権，基本的自由及び人間の多様性の尊重を強化すること。
　　(b)　障害者が，その人格，才能及び創造力並びに精神的及び身体的な能力をその可能な最大限度まで発達させること。
　　(c)　障害者が自由な社会に効果的に参加することを可能とすること。
　2　締約国は，1 の権利の実現に当たり，次のことを確保する。

(a) 障害者が障害に基づいて一般的な教育制度から排除されないこと及び障害のある児童が障害に基づいて無償のかつ義務的な初等教育から又は中等教育から排除されないこと。

(b) 障害者が，他の者との平等を基礎として，自己の生活する地域社会において，障害者を包容し，質が高く，かつ，無償の初等教育を享受することができること及び中等教育を享受することができること。

(c) 個人に必要とされる合理的配慮が提供されること。

(d) 障害者が，その効果的な教育を容易にするために必要な支援を一般的な教育制度の下で受けること。

(e) 学問的及び社会的な発達を最大にする環境において，完全な包容という目標に合致する効果的で個別化された支援措置がとられること。

3　締約国は，障害者が教育に完全かつ平等に参加し，及び地域社会の構成員として完全かつ平等に参加することを容易にするため，障害者が生活する上での技能及び社会的な発達のための技能を習得することを可能とする。このため，締約国は，次のことを含む適当な措置をとる。

(a) 点字，代替的な文字，意思疎通の補助的及び代替的な形態，手段及び様式並びに定位及び移動のための技能の習得並びに障害者相互による支援及び助言を容易にすること。

(b) 手話の習得及び聾社会の言語的な同一性の促進を容易にすること。

(c) 盲人，聾者又は盲聾者（特に盲人，聾者又は盲聾者である児童）の教育が，その個人にとって最も適当な言語並びに意思疎通の形態及び手段で，かつ，学問的及び社会的な発達を最大にする環境において行われることを確保すること。

4　締約国は，１の権利の実現の確保を助長することを目的として，手話又は点字について能力を有する教員（障害のある教員を含む。）を雇用し，並びに教育に従事する専門家及び職員（教育のいずれの段階において従事するかを問わない。）に対する研修を行うための適当な措置をとる。この研修には，障害についての意識の向上を組み入れ，また，適当な意思疎通の補助的及び代替的な形態，手段及び様式の使用並びに障害者を支援するための教育技法及び教材の使用を組み入れるものとする。

5　締約国は，障害者が，差別なしに，かつ，他の者との平等を基礎として，一般的な高等教育，職業訓練，成人教育及び生涯学習を享受することができることを確保する。このため，締約国は，合理的配慮が障害者に提供されることを確保する。

文　献

第 1 章

厚生労働省（2002）．国際生活機能分類─国際障害分類改訂版─（日本語版）の厚生労働省ホームページ掲載について

文部科学省（2003）．今後の特別支援教育の在り方について（最終報告）

文部科学省（2007）．特別支援教育の推進について（通知）

中央教育審議会初等中等教育分科会（2012）．共生社会の形成に向けたインクルーシブ教育システム構築のための特別支援教育の推進（報告）

WHO（2001）. *International classification of functioning, disability and health: ICF*. Geneva, Switzerland: World Health Organization.

吉利 宗久（2018）．特別支援教育とインクルーシブ教育　河合 康・小宮 三彌（編）　わかりやすく学べる特別支援教育と障害児の心理・行動特性（pp. 11-20）　北樹出版

全国特別支援学校長会・全国特別支援教育推進連盟（2020）．介護等体験ガイドブック　新フィリア　ジアース教育新社

第 1 章コラム 2

独立行政法人国立特別支援教育総合研究所「インクルーシブ教育システム構築支援データベース（インクル DB）」〈http://inclusive.nise.go.jp/〉（2021 年 7 月 1 日閲覧）

独立行政法人日本学生支援機構（2019）．合理的配慮ハンドブック──障害のある学生を支援する教職員のために──

全国都道府県教育長協議会第 1 部会（2017）．高等学校における特別支援教育の推進（障害者差別解消法を踏まえた特別支援教育の推進）

第 2 章

文部科学省（2012）．通常の学級に在籍する発達障害の可能性のある特別な教育的支援を必要とする児童生徒に関する調査結果について（平成 24 年 12 月）

文部科学省（2017）．発達障害を含む障害のある幼児児童生徒に対する教育支援体制整備ガイドライン──発達障害等の可能性の段階から，教育的ニーズに気付き，支え，つなぐために──（平成 29 年 3 月）

文部科学省初等中等教育分科会（2012）．共生社会の形成に向けたインクルーシブ教育システム構築のための特別支援教育の推進（報告）（平成 24 年 7 月）

文部科学省初等中等教育局特別支援教育課（2013）．教育支援資料──障害のある子どもの就学手続と早期からの一貫した支援の充実──（平成 25 年 10 月）

奥住 秀之（2019）．インクルーシブ教育システムと新学習指導要領　教育の窓，*58*, 18-21.

東京都教育委員会（2014a）．これからの個別の教育支援計画──「つながり」と「安心」を支える新しい個別の教育支援計画（平成 26 年 3 月）

東京都教育委員会（2014b）．小・中学校の特別支援教育の推進のために（平成 26 年 3 月）

第 3 章

独立行政法人国立特別支援教育総合研究所（2012）．特別支援教育に役立つアシスティブテクノロジー

文部科学省（2013）．教育支援資料──障害のある子供の就学手続きと早期からの一貫した支援の充実

文部科学省（2018a）．特別支援教育資料（平成 29 年度）

文部科学省（2018b）．特別支援学校学習指導要領解説　各教科等編（小学部・中学部）　開隆堂出版

文部科学省（2020a）．聴覚障害教育の手引き――言語に関する指導の充実をめざして――　ジアース教育新社

文部科学省初等中等教育局特別支援教育課（2020b）．初めて通級による指導を担当する教師のためのガイド

田中 裕一（監修）全国特別支援学級・通級指導教室設置学校校長協会（編）（2019）．新版「特別支援学級」と「通級による指導」ハンドブック　東洋館出版社

全国特別支援学校長会・全国特別支援教育推進連盟（2020）．介護等体験ガイドブック 新フィリア　ジアース教育新社

第 4 章

American Psychiatric Association (2013). *Diagnostic and statistical manual of mental disorders. Fifth Edition*: DSM-5. Washington, D. C.: American Psychiatric Association.（日本精神神経医学会　日本語版用語（監修）高橋 三郎・大野 裕（監修）染谷 俊之・神庭 重信・尾崎 紀夫・三村 將・村井 俊哉（訳）（2014）．DSM-5 精神疾患の診断・統計マニュアル　医学書院）

Baron-Cohen, S., Leslie, A. M., & Frith, U. (1985). Does the autistic child have a "theory of mind"? *Cognition, 21*, 37–46.

Frith, U. (1989). *Autism: Explaining the enigma.* Oxford, UK: Basil Blackwell.

池田 吉史（2018）．注意欠陥多動性障害　河合 康・小宮 三彌（編）　わかりやすく学べる特別支援教育と障害児の心理・行動特性　北樹出版

海津 亜希子（2010）．多層指導モデル MIM　読みのアセスメント・指導パッケージ―つまずきのある読みを流暢な読みへ　学研教育みらい

北 洋輔・小林 朋佳・小池 敏英・小枝 達也・若宮 英司・細川 徹・加我 牧子・稲垣 真澄（2010）．読み書きにつまずきを示す小児の臨床症状とひらがな音読能力の関連―発達性読み書き障害診断における症状チェックリストの有用性―　脳と発達, *42*(6), 437–442.

熊谷 恵子（2019）．算数障害とは　宮本 信也（編）　学習障害のある子どもを支援する（pp. 73–86）　日本評論社

宮原 資英（2017）．発達性協調運動障害：親と専門家のためのガイド　スペクトラム出版社

文部科学省（2012）．5．主な発達障害　特別支援教育について〈https://www.mext.go.jp/a_menu/shotou/tokubetu/004/008/001.htm〉（2021 年 2 月 15 日閲覧）

文部科学省（2013）．教育支援資料――障害のある子供の就学手続と早期からの一貫した支援の充実――

大塚 玲（2020）．高等学校教員のための特別支援教育入門（p. 39）　萌文書林

千住 淳（2012）．社会脳の発達　東京大学出版会

綿引 清勝（2019）．DCD　梅永 雄二・島田 博祐・森下 由規子（編著）　みんなで考える特別支援教育（pp. 152–161）　北樹出版

第 4 章コラム 6

NHK 発達障害プロジェクト公式サイト【特集】発達障害って何だろう〈https://www.nhk.or.jp/kenko/special/hattatsu/sp_1.html〉

NHK 発達障害プロジェクト公式サイト「困りごとのトリセツ　取扱説明書」
　　〈http://www1.nhk.or.jp/asaichi/hattatsu/〉（2020 年 10 月 15 日閲覧）

第 4 章コラム 7

大井　雄平（2020）．知的障害児・者の記憶　國分　充・平田　正吾（編）　知的障害・発達障
　　害における「行為」の心理学：ソヴィエト心理学の視座と特別支援教育（pp. 71–86）
　　福村出版

第 4 章コラム 8

文部科学省初等中等教育局特別支援教育課（2013）．教育支援資料〈https://www.mext.
　　go.jp/a_menu/shotou/tokubetu/material/1340250.htm〉（2020 年 10 月 25 日閲覧）

文部科学省特別支援教育の在り方に関する特別委員会（2012）．障害のある子どもが十分に
　　教育を受けられるための合理的配慮及びその基礎となる環境整備〈https://www.
　　mext.go.jp/b_menu/shingi/chukyo/chukyo3/siryo/attach/1325887.htm〉（2020 年
　　10 月 25 日閲覧）

第 5 章

河村　茂雄（2013）．集団の発達を促す学級経営　図書文化社

森　俊夫・黒沢　幸子（2002）．解決志向ブリーフセラピー　ほんの森出版

佐藤　愼二（2010）．通常学級の特別支援セカンドステージ── 6 つの提言と実践のアイディ
　　ア 50 ──　日本文化科学社

田中　亮・奥住　秀之（2019）．小学校の通常の学級における特別支援教育の推進──学級経
　　営・授業改善，校内連携，校内体制を視点に──　東京学芸大学総合教育科学系紀要，
　　70(1)，383–392.

第 5 章コラム 10

池田　吉史（2020）．「困っている子ども」のアセスメントと校内支援システム　髙橋　智・加
　　瀬　進（監修）　現代の特別ニーズ教育（pp. 116–124）　文理閣

第 6 章

中央教育審議会（2005）．特別支援教育を推進するための制度の在り方について（答申）

中央教育審議会（2012）．共生社会の形成に向けたインクルーシブ教育システム構築のため
　　の特別支援教育の推進（報告）

中央教育審議会（2015）．チームとしての学校の在り方と今後の改善方策について（答申）

家庭と教育と福祉の連携「トライアングル」プロジェクトチーム（2018）．家庭と教育と福
　　祉の連携「トライアングル」プロジェクト報告──障害のある子と家族をもっと元気に
　　──〈https://www.mext.go.jp/component/a_menu/education/micro_detail/__
　　icsFiles/afieldfile/2018/05/15/1404503_07.pdf〉文部科学省（2018）.

前川　あさ美（2011）．はじめに　前川あさ美　学校・地域で役立つ子どものこころの支援
　　──連携・協働ワークブック（p. 1）金子書房

文部科学省（2004）．小・中学校における LD（学習障害），ADHD（注意欠陥／多動性障
　　害），高機能自閉症の児童生徒への教育支援体制の整備のためのガイドライン（試案）

文部科学省（2008）．特別支援教育について　第 2 章 相談・支援のための体制づくり
　　〈https://www.mext.go.jp/a_menu/shotou/tokubetu/material/021/003.htm〉
　　（2021 年 1 月 27 日閲覧）

文部科学省（2013）．特別支援教育について〈https://www.mext.go.jp/a_menu/shotou/
　　tokubetu/main/006/h25/__icsFiles/afieldfile/2013/09/27/1339872_1. pdf〉（2021 年

1 月 27 日閲覧）

文部科学省（2017）．発達障害を含む障害のある幼児児童生徒に対する教育支援体制整備ガ
　　イドライン——発達障害等の可能性の段階から，教育的ニーズに気付き，支え，つなぐ
　　ために——

文部科学省（2019）．平成 30 年度特別支援教育体制整備状況調査

第 6 章コラム 11

厚生労働省（2015）．「放課後等デイサービスガイドライン」障害児通所支援に関するガイド
　　ライン策定検討会 4 月 1 日付報告書
　　〈https://www.mhlw.go.jp/stf/shingi2/0000082831.html〉

日本教育新聞（2020）．「保護者の期待高まる放課後等デイサービス。運営の適正化が今後の
　　課題に」 2 月 2 日付記事

第 7 章

海津 亜希子・田沼 実畝・平木 こゆみ・伊藤 由美・Vaughn Sharon（2008）．通常の学
　　級における多層指導モデル（MIM）の効果——小学 1 年生に対する特殊音節表記の読
　　み書きの指導を通じて—— 教育心理学研究，56(4)，534-547.

子どもの徳育に関する懇談会（2009）．子どもの徳育の充実に向けた在り方について（報告）
　　文部科学省

宮城県教育庁特別支援教育室（2016）．高等学校のための特別支援教育サポートブック 宮
　　城県教育庁

内閣府・文部科学省・厚生労働省（2017）．平成 29 年告示幼稚園教育要領・保育所保育指
　　針・幼保連携型認定こども園教育・保育要領原本 チャイルド本社

笹森 洋樹（2020）．高等学校における発達障害のある生徒の指導・支援 発達障害教育推進
　　センター研修講義

生徒指導・進路指導研究センター（2020）．「中 1 ギャップ」の真実——発達障害の特性等に
　　応じた小中のつながり—— 生徒指導リーフ 15s 国立教育政策研究所・国立特別支援
　　教育総合研究所

田中 真理（2015）．思春期における発達障害との出会いと孤立 教育と医学，63(1)，4-12.

田中 亮（2020）．「困っている子ども」と学級経営 高橋 智・加瀬 進（監修） 現代の特別
　　ニーズ教育（pp. 132-140） 文理閣

東京都教育庁指導部（2010）．児童・生徒の学習のつまずきを防ぐ指導基準（東京ミニマム）
　　改訂版 東京都教育委員会

山田 純子（1995）．軽度知的障害者に対する自己理解援助のプログラム 職業リハビリテー
　　ション，8，1-7.

第 7 章コラム 12

発達障害情報・支援センター こんなとき，どうする？ 家族支援
　　〈http://www.rehab.go.jp/ddisonly/〉（2021 年 2 月 17 日閲覧）

市川 奈緒子（2017）．保護者が我が子の「特性」に気づくとき——健診から療育へ 中川
　　信子（編著）発達障害の子を育てる親の気持ちと向き合う（pp. 11-19） 金子書房

NHK Web 特集 先生からの手紙「きょうだい」のあなたへ〈https://www3.nhk.or.jp/
　　news/html/20200414/k10012384161000.html〉（2021 年 2 月 27 日閲覧）

中田 洋二郎（2009）．発達障害と家族支援 学研

第 7 章コラム 13

池田 吉史（2018）．知的障害児の自己制御の支援　森口 佑介（編著）自己制御の発達と支援（pp. 66-77）金子書房

米澤 好史（2015）．「愛情の器」モデルに基づく愛着修復プログラム——発達障害・愛着障害 現場で正しくこどもを理解し，こどもに合った支援をする——　福村出版

第 8 章

日高 庸晴（2015-2016）．セクシュアルマイノリティ　ありのままのきみがいい　1 ～ 3　汐文社

かすたねっと（外国につながりのある児童・生徒の学習を支援する情報検索サイト）〈https://casta-net.mext.go.jp〉（2020 年 10 月 29 日閲覧）

国立教育政策研究所（2016）．平成 28 年度全国学力・学習状況調査　調査結果のポイント

子どもの貧困白書編集委員会（2009）．子どもの貧困白書　明石書店

箕浦 康子（2003）．子供の異文化体験——人格形成過程の心理人類学的研究（増補改訂版）新思索社

文部科学省（2010）．児童虐待の防止等のための学校，教育委員会等の的確な対応について

文部科学省（2014）．学校における性同一性障害に係る対応に関する状況調査について

文部科学省（2016）．子供の貧困対策の推進〈https://www.mext.go.jp/a_menu/shougai/kodomo-hinkontaisaku/1369105.htm〉（2020 年 11 月 5 日閲覧）

文部科学省（2017）．性同一性障害や性的指向・性自認に係る，児童生徒に対するきめ細かな対応等の実施について（教職員向け）

文部科学省（2019a）．日本語指導が必要な児童生徒の受入状況等に関する調査（平成 30 年度）」の結果について

文部科学省（2019b）．外国人児童生徒受入れの手引き（改訂版）

文部科学省（2020）．学校・教育委員会等向け 虐待対応の手引き（令和 2 年改訂）

内閣府（2019）．子供の貧困対策に関する大綱のポイント

日本財団（2018）．家庭の経済格差と子どもの認知能力・非認知能力格差の関係分析

友田 明美（2017）．子どもの脳を傷つける親たち　NHK 出版

吉住 隆弘・川口 洋誉・鈴木 晶子（2019）．子どもの貧困と地域の連携・協働　明石書店

第 8 章コラム 15

一般社団法人 こども宅食応援団　2020 年 8 月 28 日記事〈https://prtimes.jp/main/html/rd/p/000000010.000057038. html〉（2020 年 9 月 22 日閲覧）

農林水産省　子供食堂と連携した地域における食育の推進〈https://www.maff.go.jp/j/syokuiku/kodomosyokudo.html〉（2020 年 10 月 28 日閲覧）

農林水産省　第 4 次食育推進基本計画 骨子案〈https://www.maff.go.jp/j/syokuiku/kaigi/attach/pdf/r02_03-3.pdf〉（2020 年 11 月 16 日閲覧）

索　　引

＊　ADHDは，4章で述べるとおり，多様な定義名がありえます。文部科学省では発達障害者支援法の定義に基づいて「注意欠陥多動性障害」が使われています。一方，医学の分野では診断基準の改訂に伴って「欠如」が用いられるようになり，一般的な表記も「注意欠如・多動性障害」が多く見かけられるようになっており，さらに，医学分野の変化に合わせて「注意欠如・多動症」との表記も増えつつあります。それが発達障害を巡って変化しつつある現状を反映している，とも言えるでしょう。本書では，それぞれの章で理解すべき枠組みに応じて，表記されています。

　なお，高機能自閉症についても，同様に，その表記の場合もあれば，自閉症スペクトラム障害の表記もありますし，最近では，自閉スペクトラム症の表記も見られます。

団体・人名索引

執筆者紹介（敬称略　50 音順　＊は編者）

池田　吉史	上越教育大学大学院学校教育研究科		コラム 10，コラム 13
江尻　桂子	茨城キリスト教大学 文学部児童教育学科		7 章 1 節
大井　雄平	常葉大学教育学部初等教育課程		4 章 2 節，4 章 4 節，コラム 1，コラム 7
大崎　博史	国立特別支援教育総合研究所 情報・支援部		コラム 2
奥住　秀之	東京学芸大学教育学部特別支援科学講座		2 章
柏崎　秀子＊	実践女子大学教職センター		1 章，7 章 3 節，8 章，コラム 6，コラム 12（7 章）
篠﨑　友誉	東京都立水元小合学園		コラム 4
菅原　眞弓	日野市立七生緑小学校 特別支援教室		3 章 2，3 節，コラム 5
田中　博司	杉並区立桃井第五小学校		コラム 9
田中　雅子	帝京平成大学 現代ライフ学部児童学科 小学校・特別支援コース		6 章 1，2，4 節
田中　亮	長野県塩尻市立塩尻東小学校 東京学芸大学非常勤講師		5 章，7 章 2 節
早尾　美子	日本社会事業大学社会福祉学部		6 章 3 節，コラム 8，コラム 11，コラム 15
三浦　昭広	東京都教育庁西部学校経営支援センター		コラム 3，3 章 1 節（共著），コラム 14
山口真佐子	桜美林大学健康福祉学群		3 章 1 節（共著）
綿引　清勝	いわき短期大学		4 章 1，3，5 節

【編者紹介】

柏崎秀子（かしわざき　ひでこ）

お茶の水女子大学大学院人間文化研究科（1990 年　単位取得退学）

専門　教育心理学／言語心理学

現職　実践女子大学教職センター教授

教職ベーシック　発達・学習の心理学（北樹出版）
日本語教育のための心理学（新曜社）
教師のための教育学シリーズ 5　教育心理学（学文社　分担執筆）
ことばのコミュニケーション（ナカニシヤ出版　分担執筆）などの著作がある。

通常学級で活かす特別支援教育概論

2021 年 8 月 20 日　　初版第 1 刷発行　　定価はカヴァーに
　　　　　　　　　　　　　　　　　　　　表示してあります

　　　　　　　編　者　柏崎秀子
　　　　　　　発行者　中西　良
　　　　　　　発行所　株式会社ナカニシヤ出版
　　　☎606-8161　京都市左京区一乗寺木ノ本町 15 番地
　　　　　　　　　　　　Telephone　075-723-0111
　　　　　　　　　　　　Facsimile　075-723-0095
　　　　　　Website http://www.nakanishiya.co.jp/
　　　　　　Email　　iihon-ippai@nakanishiya.co.jp
　　　　　　　　　　　郵便振替　01030-0-13128

装幀＝白沢　正／印刷・製本＝創栄図書印刷株式会社
Copyright © 2021 by Hideko KASHIWAZAKI
Printed in Japan
ISBN978-4-7795-1591-0 C3011